LOS PROTAGONISTAS

Marilyn Monroe

Autor
Lisandro Joaquínez

Foto de tapa
Agencia Comesaña

Diseño Gráfico
María Marta Bormapé

Corrección
Eduardo Mileo

Digitalización
Sebastián Ginandrea
Santiago Quatromano

© 2003 CINCO E.C.S.A.
© 2004 Visor EASA
I.S.B.N. 987-1129-08-4

LOS PROTAGONISTAS

Marilyn Monroe

VISOR

La mujer más hermosa, la mujer más triste

—Eres la mujer más triste que he conocido —dijo el hombre alto de grandes anteojos.

Las copas acampanadas, con martinis, parecían vibrar con el ritmo de jazz que surcaba el aire.

La mujer rubia fijó sus ojos en el hombre, bajó la vista y, después de trazar en el mantel varios círculos con la uña de su índice derecho pintada de rosa suave, levantó la mirada empañada hacia Arthur Miller.

—Nadie me había dicho algo así —dijo casi en un susurro—. Eres tan distinto de toda la gente de Hollywood...

Se habían conocido unos cinco años antes y Marilyn no había olvidado al dramaturgo que por entonces comenzaba a ganar prestigio. En Miller, sin duda, también perduraba la impresión que le había causado esa mujer tan bella y chispeante como melancólica.

Las manos se unieron y se crisparon con la ternura y fiereza que reemplaza a cien palabras. Se besaron con esa suavidad y ese cuidado que anticipa el amor y la pasión de dos almas sensibles, de dos cuerpos salvajes.

—Y también eres la mujer más hermosa que he conocido. Pero eso, seguramente, te lo han dicho muchas veces.

Ella se rió y sus labios volvieron a unirse, como en una promesa.

Poco después iban a convertirse en marido y mujer pero, antes de partir a Londres para rodar dos películas, ambos deberían enfrentar la sospecha del Congreso norteamericano por supuestas simpatías comunistas.

Sería una de los tantos momentos dramáticos por los que iba a pasar esa mujer bella y desamparada en una vida tan breve como intensa.

Junio, 1926: nace una estrella

—¡Felicidades, Gladys! Es una nena, una nena muy hermosa. ¡Se va a destacar por su belleza!

Las últimas palabras, sin duda, eran las más acertadas y proféticas que había dicho la enfermera Susan H. en los últimos años.

La flamante mamá, Gladys Baker, también llamada Monroe, sintió que la punzaban varias emociones al mismo tiempo.

La enfermera le alcanzó a la niña que berreaba con suavidad, como si no quisiera molestar.

Gladys sintió que amaba infinitamente a esa recién llegada, que a la vez podía ser un obstáculo en su vida, abierta y alegre cuando las sombras del desequilibrio no la nublaban. Gladys temió una vez más esa mezcla de emociones y pensamientos oscuros que le agriaba la vida desde hacía mucho y que la conduciría más de una vez a internaciones en clínicas psiquiátricas.

—Norma, Norma Jean, va a a llamarse —Gladys tenía una linda voz.

—¿Cómo "va a llamarse"? ¡Ya se llama!

Se rieron en esa vibrante mañana de primavera en la sala a media luz del Hospital Central de Los Ángeles. Y Norma Jean, por un instante, cesó de llorar.

Eran poco más de las nueve y media del 1 de junio de 1926.

Es muy probable que Charles Stanley Gifford, un capataz del turno diurno de Consolidated Film, empresa en la que trabajaba Gladys como cortadora de negativos, haya sido el verdadero padre de Norma Jean, a quien nunca reconoció. Y al que Norma —Marilyn— buscó toda la vida. Jamás dejó de buscar, en distintos hombres, a ese padre que la abandonó aun antes de nacer y que nunca regresó para conocerla.

Albert W. Bolender y su mujer, Ida, no eran lo que puede llamarse malas personas, pero el afecto, las demostraciones de cariño, el interés por esas mínimas pero fundamentales cosas de los niños, no eran su fuerte.

"Eran terriblemente estrictos. Era por su religión. No había espacio para hacer nada. Me criaron en una forma muy dura", contaría Marilyn años más tarde.

Gladys les pasaba un dinero para que cuidaran a la pequeña Norma, ya que ella estaba muy ocupada en diversas actividades.

En el espíritu infantil se iba acumulando la triste sensación de que mamá también la hacía víctima de pequeños abandonos.

"Creo que cuando tenía cinco años empecé a pensar que quería ser actriz. —recordó alguna vez Marilyn—. Amaba jugar. El mundo exterior me resultaba desagradable. En el juego uno inventaba sus propias situaciones, sus límites. Aun cuando jugara con niños que eran lerdos para imaginar cosas, yo les decía: 'Qué tal si haces esto, y yo soy esto y aquello y la cerca es un caballo y...'. Con el tiempo descubrí que a eso se le llamaba actuar."

Hasta que un buen día...

—Norma, tengo que darte una noticia que te va a llenar de alegría —Gladys se había inclinado frente a su hija—: ¡desde la semana que viene vamos a vivir juntas! Despídete de Albert e Ida, sí.

—¡Mami, mami, mami! —Norma apenas podía expresar la alegría que le colmaba todo el cuerpo y, a la vez, la duda que la picoteaba al sentir que quizás eso no era cierto, o que iba a durar muy poco tiempo. Tenía apenas siete años.

Las imágenes de aquella infancia se suceden como en lo que hoy se llama un videoclip.

—Ven, Norma Jean. Ésta es mi amiga Grace, que va a vivir con nosotros.

¿Y sabes una cosa? Es actriz. No es famosa, pero, bueno, le gusta mucho actuar...

Gladys alquilaba algunas habitaciones de la casa que había comprado y en la que ahora vivía gente de su amistad.

Grace, al igual que la mamá de Norma, trabajaba en la Columbia.

—Eres tan hermosa y simpática, Norma Jean. Tienes un encanto natural.

Cuando seas grande, no me extrañaría que fueras una artista —le decía Grace, que era considerada como una tía de la niña.

"Grace McKee era fanática de Jean Harlow, la hermosa rubia platinada que deslumbraba a Hollywood —contaría Marilyn—. Me llevaba a ver sus películas y me decía que algún día yo sería, como ella, una gran estrella del cine. Yo también me convertí en una admiradora de Jean. Era mi heroína, mi ídolo."

Curiosamente, son varias las características personales y episodios de la vida de la Harlow que coinciden con los de la de Marilyn.

Su verdadero nombre era Harlean Carpenter y tampoco había crecido con sus padres. Sus primeros papeles estaban cargados de sensualidad y sexualidad.

En la última película que filmó, su pareja protagónica fue Clark Gable, igual que sucedería con Marilyn.

Jean Harlow moriría joven, a los veintiséis años.

Pero las coincidencias, realmente sorprendentes, no se acabarían allí.

—¡Tía Grace, tía Grace, por favor, qué le pasa a mamá! —Norma Jean rompe a llorar. Tiene ocho años y Gladys acaba de ser internada en un centro de salud mental, debido a una profunda depresión.

—Mamá no está bien, pero es por poco tiempo. En unos días saldrá de allí recuperada y todo volverá a estar bien, Norma Jean. Oye, ahora te quedarás conmigo un tiempo, ¿qué te parece?

El tiempo es corto. Grace contrae matrimonio en agosto de 1935. Pero, en cambio, la recuperación de Gladys se hace extensa.

—¿Volveré a verte algún día, tía Grace?

—Claro que sí, nos veremos seguido, muy seguido. Pronto iré a visitarte, Normy.

Pero el lugar de visita será el orfanato de Los Ángeles.

Allí Norma Jean, más de una vez, no juega a ser invisible sino que realmente cree que lo es. Para cualquier psicólogo no es más que un síndrome habitual en niños que se sienten desprotegidos, abandonados, no queridos. Niños que, como la pequeña Norma, sienten que nadie los ve y, por momentos, se consideran realmente invisibles.

—¡Ey, ése es mi papá! —dice Norma a sus amiguitos cuando en algún diario o revista aparece la imagen de Clark Gable.

Una versión sustentable cuenta que en una oportunidad Gladys mostró a su hija una foto del padre que las abandonó y que éste se parecía a Clark Gable.

Años después, cuando algún periodista que revisaba sus años de infancia la indagó sobre la mentira que decía a sus compañeritos de orfanato, Marilyn explicó:

—¡Qué querían que hiciera! Era chica, abandonada por su padre, por su madre, por su tía, arrojada en un orfanato. Sólo me quedaba decir algo así. Ni siquiera puedo llamarla mentira. Era una fantasía para negar la horrible realidad.

Norma Jean crece y con los años también crece la sensación de estar extraviada en un mundo que nunca termina de serle propio: es más, que nunca comienza a serle propio.

Vuelve a residir en varias casas de familia —doce familias adoptivas llegan a contarse. De una de ellas es echada porque su risa demasiado estridente molestaba a la dueña de casa.

Manos adultas y lascivas enturbian aún más la delicada estabilidad de la chica, que ni siquiera ha entrado en la adolescencia.

Finalmente —está cercano el inicio de la Segunda Guerra Mundial— se marcha a vivir con una tía de Grace.

—¿Habrá algún lugar para mí, algún lugar en el que me sienta querida?

—¿Cómo, Norma Jean?

—¡Oh, no, nada, tía! Hablaba sola, pensaba en voz alta...

En 1940, quizás como una premonición, escribe en un artículo del periódico del colegio: "El 53 % de los hombres las prefieren rubias".

Una ráfaga de tiempo, breve y solitaria. El crecimiento de un cuerpo que será uno de los más emblemáticos símbolos sexuales de ese siglo que ya ha comenzado a desangrarse una vez más, en las trincheras, en los mares, en las ciudades y en los cielos de la Segunda Guerra Mundial.

—Yo también te amo, Jimmy —dice en un suspiro Norma Jean.

Pero quizás no era así, y casarse significaba más la libertad que el amor.

—Norma, mi vida...

Se besaron con la pasión y la inexperiencia que les daban los dieciséis años de ella y los veintiuno de él.

Temblaron en el vértigo de las caricias y los besos como si fueran eternos, como si no existiera otra cosa en el universo que sus bocas, sus cuerpos, el salvaje enamoramiento, si no de sus corazones, de sus hormonas.

—Norma Jean, oh, mi Normy, pongamos fecha de casamiento, ya.

—Sí, sí, ya mismo, Jim, te amo.

Atrás parecían quedar una fila de hogares adoptivos por los que la niña, la púber, la adolescente Norma se había bamboleado con mayor o menor fortuna, pero con una sensación perenne de que el mundo se movía triste y peligrosamente a sus costados y bajo sus pies.

La adolescente de cabello castaño y hermosos ojos azules iba a celebrar su primer matrimonio. El afortunado, como suele decirse, se llamaba James Dougherty, era un vecino del barrio y tenía un puesto en la marina mercante. Corría el mes de junio de 1942.

Contradictoria, como muchas veces, Marilyn diría mucho después en distintas entrevistas: "Me casé para escapar de casa. No me gustaba nada de lo que Jim me hacía".

Pero en otro reportaje afirmaría: "James Dougherty fue mi marido preferido", aunque el cronista sospechó que su entrevistada había bebido demasiada champaña y estaba bromeando.

Marilyn Monroe, la gran estrella Marilyn Monroe, estaba cerca, y a la vez todavía muy lejos.

Una rubia llamada Marilyn

Hay fuertes indicios de que, aún adolescente, Marilyn consiguió localizar a su padre y un buen día, temblando, lo llamó y se dio a conocer.

—Lo siento, no sé quién eres ni de qué me estás hablando—respondió bruscamente el hombre—. Borra este teléfono de tu agenda y nunca más vuelvas a molestarme.

Marilyn colgó llorando, desconsolada.

Mientras tanto, pasado el entusiasmo inicial, los besos y arrumacos entre Norma Jean y Jimmy fueron declinando rápidamente como un atardecer de invierno.

Algún romance furtivo de uno y otro que registra la crónica, aunque los del después ignoto Jim ya no figuran. Sí los de Norma, cuya belleza comenzó a interesar profesionalmente a algunos fotógrafos.

El profesionalismo pasa a mayores en el caso de Dave Conover, con quien Norma vive un breve y apasionado romance.

Finalmente, en 1946, Norma Jean y Jim se divorcian. Ella tiene apenas veinte años.

"Grace McKee, tía Grace, arregló ese matrimonio con Jim para mí. No tuve muchas chances. Ellos no podían mantenerme y tenían que hacer algo al respecto. Así fue como se produjo mi matrimonio", comentaría Marilyn, ya cuando su nombre brillaba en los primeros planos. Para agregar: "Mi matrimonio con Jim no me hizo desdichada, pero tampoco feliz. Jim y yo apenas nos hablábamos. Y no era porque estuviéramos enojados, sino porque no teníamos nada que decirnos. Yo me moría de aburrimiento."

A partir de allí comienza el camino que la llevará a Marilyn.

—Norma, eres bella, eres espléndida. Además de tu cuerpo y tu rostro hay algo en ti que atrae, que fascina— dice Emmeline Snively mientras ajusta el fotómetro de la cámara a la luz ambiente y observa por el visor a la bella muchacha.

—Eres tan amable, Emmeline —dice Norma Jean, que en muchos de sus momentos de soledad y desvalorización no se considera hermosa y piensa que los demás están viendo un espejismo.

Años después, el director Billy Wilder, dueño de una larga vida (1906-2002), diría a la prensa: "Marilyn Monroe era de carne, y se fotografiaba de carne. Tenías la impresión de que bastaba con alargar la mano para poder tocarla".

—¿Sabes una cosa? —dice de pronto Emmeline—. Tienes un hermoso cabello castaño, pero te quedaría mucho mejor, mucho más impactante y sensual, un color rubio, un rubio casi platinado.

En un par de días el espejo le devuelve la imagen que el mundo iba a conocer y admirar poco después, pero la primera reacción de Norma Jean es reírse. Después sí, acepta que no le queda nada mal ese tono glamoroso y pleno de brillos de... estrella de cine.

No es el único cambio por aquella época.

—Firma aquí, por favor. Firma con tu verdadero nombre, pero para la Twentieth Century Fox desde hoy serás Marilyn... —el hombre aplastó el cigarrillo rubio sin filtro en un cenicero con el logotipo de la compañía, sobre el gran escritorio de madera lleno de papeles sueltos, carpetas, latas de películas, un maldito teléfono que sonaba a cada rato...

Corría julio de 1946 y el jefe de reparto de la Twentieth Century Fox, Ben Lyon, fascinado por la belleza de esa jovencita rubia, le ofreció un contrato que establecía el pago de 125 dólares a la semana, lo cual, para empezar, no estaba nada mal.

—Monroe... —dijo la que fue Norma Jean, tomando uno de los apellidos de su madre— y estampó su firma en el papel que le extendía Lyon.

Algunos cronistas de espectáculos dijeron que el Marilyn estuvo inspirado en una actriz de aquella la época, una tal Marilyn Miller, de la que hoy se guardan pocos recuerdos y de la que Ben Lyon habría estado enamorado.

Años después, ya convertida en un símbolo universal de la belleza y la sensualidad, la ex Norma Jean diría: "En Hollywood pueden pagarte miles de dólares por un beso, pero 50 centavos por tu alma".

El hecho de que creciera en la pobreza no hizo de ella una persona ahorrativa. Con el primer sueldo que ganó como modelo pagó el alquiler de casa y se gastó el resto en ropa. Y cuando comenzó a recibir el sueldo algo más regular que le pagaban la Fox, primero, y la Columbia Studios, más tarde, se compró un Ford descapotable, un secador de pelo profesional, libros (sí, libros) y cosméticos.

La flamante Marilyn Monroe no tuvo suerte con su debut: su primera escena en un largometraje fue eliminada del montaje final.

En la película *The Shocking Miss Pilgrim* sí tuvo un rol, pero sólo cuenta para los estudiosos de su historia fílmica, ya que era muy pequeño.

Ahora, rubia y bautizada Marilyn Monroe, entra en puntas de pie a un mundo que la llevará a lo más alto pero que también la conducirá a la tragedia.

Noches de champaña y rosas

Las negativas se iban haciendo cada vez más débiles y eso excitaba aún con mayor intensidad al hombre.

La rubia sinuosa y explosiva sentía como tantas otras veces ese tráfago de sensaciones físicas y emocionales que se cruzaban, subían y bajaban a través de ella casi de la misma forma que esas manos expertas lo estaban haciendo ahora.

"No está mal que me acueste con él –se repetía– no está mal; además, Joe me gusta."

El hombre la recorría con deseo salvaje desde los muslos al vientre mientras el lánguido sonido de un blues con piano, contrabajo y guitarra los iba envolviendo en la habitación en penumbras.

Perfumes, whisky, una champaña francesa que agotaba su perlage vanamente esperando que alguna mano sirviera una segunda vuelta en las copas de cristal tallado, el disco de blues girando en el combinado color caoba, todo incitaba al amor.

—Oh, Joe, me vuelves loca...

—Y tú a mí, hermosa, bellísima, divina Marilyn —entre jadeos y caricias Joe llegaba a la cima de su excitación.

Mientras la besaba sus manos temblorosas recorrían las curvas pletóricas, subían y desmadejaban el cabello rubio y abundante.

—Oh, Joe, me vuelves loca —suspiraba la mujer y sentía que era auténtica, que lo deseaba, que no lo amaba pero lo deseaba y estaba a gusto, gozando, y no había nada de malo en dejarse llevar, en dejarse ir, y que era parte de su vida actual pero sobre todo de su vida futura.

"No me estoy entregando, no estoy haciendo concesiones. Joe me gusta...", se justificaba.

Al rato, mientras un solo de contrabajo suena en la elegante habitación cruzada por una penumbra de colores pastel, la piel de Marilyn y la de Joe se convierten en una sola, el piano ataca compases en tonos graves y la guitarra comienza a desgranar acordes que sobrevuelan los jadeos y suspiros. La mujer rubia, hermosa y deseada ha dejado de pensar para justificarse, porque siente que en ese momento su cuerpo entero ama a ese conocido totalmente desconocido llamado Joe.

Los habían presentado en una fiesta, entre canapés, martinis, bocaditos agridulces (una influencia francesa que comenzaba a imponerse en las reuniones chic, como se acostumbraba decir en esos años), y champaña de la buena, cuando el bourbon nacional con hielo no corría a raudales sobre las bandejas que esquivaban peinados suntuosos y colmados de brillo.

—Mucho gusto, señor Schenk.

—El que tiene el gusto soy yo, Marilyn. Y llámame Joe.

Joseph Schenk estaba retirado o retirándose en aquel tiempo. Era cofundador de la Twentieth Century Fox, y su recomendación, o defenestración, aún mantenía su poder.

—Los canapés son muy buenos pero me temo que no significan lo que se dice una buena cena.

—Es cierto. Son... convencionales, aburridos —arriesgó Marilyn.

—Hey, eso está muy bien. Tienes —¿puedo tutearte, no?— tienes sentido del humor, además de ser tan bella. Y se dice que la gente con sentido del humor es realmente inteligente.

—Gracias, señor... Joe. Me halaga mucho lo que usted... lo que tú dices.

Tintinea el hielo de los whiskies en las bandejas. Burbujea la champaña en las copas. El rumor de la conversación se enlaza con las risas, y parecen el contracanto del tema tropical que el conjunto de bongó y maracas urde con gracia en el pequeño escenario.

—Te invito a cenar —dice Joe—. En Roscoe's sirven unos platos de cocina internacional de verdad.

—Estarán prohibidos los canapés aburridos…

El hombre lo festeja con una risa larga y la toma del brazo.

—¿Vamos?

—Okey, acepto.

Muchos años después, frente a la lapicera o el grabador de los periodistas que le preguntaban cómo logró abrirse paso en la jungla del cine, Marilyn fue muy clara: "Conocí a los hombres apropiados. Y les di lo que querían".

Tras su primer encuentro con Schenk, ganó un papel protagonista en *Ladies of the Chorus*. En ese film interpretaba al personaje de Peggy Martin, una corista cuya madre intenta disuadirla de que se case con un apuesto hombre de la alta sociedad. Allí Marilyn canta una canción.

Corría 1948 y la hermosa muchacha de Los Ángeles estaba dando los primeros pasos de lo que será una leyenda.

La esperan los aplausos, el dinero, la fama mundial, y también las lágrimas.

El casamiento que no existió

La lista oficial de matrimonios computada en la vida de Norma Jean Baker, más conocida como Marilyn Monroe, indica que se casó tres veces: la primera vez con James Dougherty, la segunda con Joe Di Maggio y la última con Arthur Miller.

Sin embargo, hay pruebas concluyentes de que existió un cuarto matrimonio —el segundo en el orden cronológico–, con el que fue hasta el final de sus días un buen amigo y siempre intentó aconsejarla ante las distintas encrucijadas de su vida: el periodista y escritor Robert Slatzer.

Marilyn y Slatzer se casaron en México y allí también se descasaron. La historia es sencilla, absurda, cruel.

Para algunos productores, esa muchacha sinuosa y atractiva no tenía ningún futuro en el cine. Para otros, en cambio, verla resultaba una inmensa fuente de placer y conocerla parecía ser el inevitable y deseado segundo paso.

Slatzer cuenta que la primera vez que vio a Marilyn ella trataba de "venderse" como actriz después de unas pocas primeras películas.

Cuando entró para verlo, llevaba un rudimentario álbum de sus fotos —"no como serían después las cosas: esas carpetas y esos videos altamente producidos con que se presentaban las actrices y modelos", diría Slatzer en un documental que se realizó sobre la vida de Marilyn. "Era un álbum atado con una cintita, y apenas quiso abrirlo algo sucedió y se le cayeron las fotos, y al mismo tiempo, por hacer un gesto brusco al querer atajarlas, se le rompió el tacón del zapato y... Fue todo muy divertido. Así la conocí."

Mientras esto sucedía, el magnate Howard Hughes, quien, entre otras tantas empresas, comandaba la RKO Pictures, había visto a Marilyn, y su presencia lo había turbado.

No había inconveniente o enfermedad que arredrara a Hughes. A pesar de haber tenido un accidente y estar hospitalizado, desde su lecho de enfermo llamó a sus agentes para que intentaran contratar a esa beldad tan cautivante.

Dicen que al mejor cazador se le escapa la liebre. Algún agente pícaro vio la oportunidad de eludir la marca de Hughes y ofrecer esa tentadora presa a la Twentieth Century Fox, compañía sin duda más poderosa.

Darryl Zanuck era el despótico conductor de la gran productora. Su sola presencia metía miedo, y no sólo entre empleados de segundo nivel. Hasta los actores encumbrados evitaban encontrarse con el jefe, si no era estrictamente imprescindible. El otro detalle de este capítulo: por esos días en que la Fox contrataba a Marilyn, ésta se había casado vía México con Robert Slatzer.

—Adelante, siéntese, Robert. Quiero decirle que la señorita Monroe representa el ideal de muchas mujeres, por supuesto, pero más que eso, en estos momentos parece estar convirtiéndose a pasos agigantados en la fantasía más al rojo vivo de los hombres norteamericanos —Zanuck mordió su cigarro e hizo una pausa de tan exagerada amabilidad en el gesto que era temible por lo amenazante—. Por eso, mi estimado Slatzer, sería muy conveniente que ella permaneciera soltera. Usted me entiende —terminó el pope de la Fox, y ahora sí dio una profunda pitada a su habano.

"Viajamos inmediatamente con Marilyn a Tijuana, México —cuenta Slatzer—. Hacía tan poco que nos habíamos casado que en la oficina aún no habían archivado el acta matrimonial, que estaba en lo del abogado que había tramitado nuestro casamiento. Le planteamos la situación.

—Claro, por supuesto. Es comprensible —dijo el hombre de leyes—. Lo que sí, esto significa un cierto engorro administrativo, no sé si me entienden...

"En aquella época cincuenta dólares era una buena cifra", comenta Slatzer. "Se la dimos. Y pedimos el acta. Marilyn quería tenerla. Yo también."

—Imposible —dijo el abogado guardándose los cincuenta dólares—. No es mala voluntad. Comprendo la actitud sentimental de ustedes. Pero con el matrimonio anulado y ese papel en poder de ustedes, que por algún accidente puede pasar a otras manos mal intencionadas..., en fin, mi prestigio está en juego.

"El abogado de Tijuana tomó el acta de matrimonio, sacó un fósforo y lo encendió. Después puso la llama en un ángulo de aquel papel en el que decía que Marilyn y yo éramos esposos. En segundos desapareció, convertido en una ceniza negra que el tipo depositó en el gran cenicero. Así fue como Marilyn y yo dejamos de estar casados."

Algunos amigos de la pareja bromearon sobre la duración del matrimonio.

—Hey, Marilyn, ¿cuánto duró ese matrimonio: cinco, seis días?

—Bueno, es más que lo que duran en cartel ciertas comedias de Hollywood, ¿no? —respondía ella.

En 1982, veinte años después de la muerte de la que había sido tan fugazmente su esposa, Robert Slatzer acudiría a los Tribunales de su país para que reabrieran la causa judicial de la muerte de Marilyn Monroe, y en lugar de "Suicidio", la caratularan "Asesinato".

Con una pequeña ayuda de mis amigos

El matrimonio Carroll, conformado por Lucille, directora del Departamento de Talentos de los estudios Metro Goldwyn Mayer, y por John, un apuesto y por aquella época influyente actor de cine, sintió afecto, y acaso compasión, por esa joven hermosa y desprotegida.

No se le conocen a John segundas intenciones (tampoco a Lucille), y es bueno pensar, cada tanto, que esta tierra cobija a gente capaz de actuar sin cálculo.

Los Carroll dieron a Marilyn dinero para solventar sus necesidades, compañía, buenos consejos y mejores contactos para que su por entonces errática entrada en el mundo del cine se desarrollara con un poco más de solidez.

Ya hemos hablado de Joseph Schenk, Joe para los amigos, y la posibilidad que éste le dio a la actriz novata por esa época.

Es hora de presentar a Natasha Lytess, que, aunque en un segundo plano en el reparto estelar de la biografía de Marilyn, fue muy importante para la actriz en aquellos momentos de su carrera.

Natasha era de origen ruso y se la consideraba una maestra de actores experta y exigente.

A pesar de las correcciones, retos y reconvenciones, Natasha Lytess intentaba sinceramente ayudar a Marilyn. Las malas lenguas decían que quizás la quería demasiado.

—Bien, Marilyn, bien, eso es todo un progreso. Pero...

—Está bien. Estoy aprendiendo a aceptar tus peros, Natasha.

—Si te encuentras con tu memoria emotiva, te encontrarás más fácilmente con el personaje...

—Eso lo entendí. Y lo estoy intentando. Sólo que todavía no... no lo logro

—Eso me gustó: todavía, todavía.

Los Carroll eran quienes pagaban las clases particulares que impartía la por momentos demandante Natasha.

—Bien, esto fue todo por hoy —la voz de la maestra rusa sonaba agria ese viernes.

—Fue un día duro para mí, Natasha...

—¡Si no puedes imaginarte emotivamente en la piel de una campesina de principios de siglo, más cerca de la tierra y sus animales que de los palacios, me temo...!

Marilyn se puso a llorar, como en una súbita explosión. Venía conteniendo el llanto desde el principio de esa semana de clases, más exigentes que otras veces.

—Ya me lo dijiste hoy. Está bien. Lo intentaré —se enjugó las lágrimas; le daba rabia llorar adelante de los demás—. ¿Tiene sentido practicar en casa?

—Oh, no. ¡Practicar, practicar! ¡Qué palabra! Puedes practicar un punto cruz en un tejido —la voz se había hecho agresiva y filosa, y hacía notar aún más el acento ruso—, puedes practicar gimnasia sueca por las mañanas! ¡Monroe! ¡Esto no se practica! Se ensaya, si quieres. ¡Pero se vive, se siente, se respira! ¡Oh, oh, oh! ¡No sé si vamos a seguir con estas clases!

En Marilyn las lágrimas se habían detenido, y la respiración también.

Después de un rato soltó el aire, de a poco, como si lamentara hacerlo, como si quisiera retenerlo en sus pulmones para siempre.

Hacía un esfuerzo formidable para no soltar el llanto frente a esa mujer buena y mala a la vez, protectora y muy dura al mismo tiempo, pero un tropel de lágrimas pugnaba por salir y la ahogaba.

—Está... está bien... como quieras...

—Eres extraña, Marilyn. Eres una mezcla de desenfado y timidez. Eso es bueno —Natasha parecía sentir que había estado muy dura y que debía compensar esa reprimenda con palabras más reconfortantes—. Hay personas simples, personas que no tienen matices en su interior. Esas personas muy difícilmente puedan darle a un personaje matices que ellas no tienen. Cuando lo hacen, su actuación es totalmente exterior... y se nota.

Natasha hizo una pausa y apagó dos de las luces de la sala en la que tenían lugar las clases. Siguió, ahora mirando a la mujer rubia:

—Tú sí. Tú tienes contradicciones, dudas, miedos... Matices del alma. Entonces tienes la base para ser una buena actriz.

—Está bien. Gracias —dijo Marilyn en voz tan baja que casi no se oyó. Giró para irse. Los pasos sonaban con levedad en el piso de parquet. Parecía escucharse con mayor fuerza la respiración pesada de la maestra de actores.

Natasha regresó a su tono duro y el acento ruso volvió a cobrar importancia en la reconvención:

—Si estuvieras más concentrada en las clases y menos en ... salir hoy con un hombre y la semana que viene con otro. No creo que esa vida frívola sea conveniente si algún día se quiere ser una gran actriz....

Años después Marilyn diría: "Fue una gran maestra, pero tenía unos celos infernales de los hombres con quienes me veía. Ella creía que era mi marido".

No sería su única maestra. Marilyn buscaría perfeccionarse continuamente, y la actriz clásica Constance Collier también formaría parte del cuerpo de profesores que la asesoraría a lo largo de su carrera.

Con Fred Karger, su profesor de canto y arreglador musical, la relación fue totalmente distinta. Y Marilyn se enamoró perdidamente de él.

Karger era un hombre generoso y cálido, capaz de "poner la oreja" de verdad, y no sólo fingir que escuchaba a su interlocutora. Por otra parte, de su bolsillo salió el dinero para que Marilyn corrigiera un pequeño defecto en su dentadura y le diera mayor blancura.

—Como para un aviso publicitario de pasta dentífrica, ¿eh, Marilyn? La relación no duró mucho.

—Me pareces un hombre maravilloso, Fred. Me hubiera gustado casarme contigo, vivir contigo... pero tienes un gran defecto, al menos un gran defecto para mí. Que no me amas.

Cruel paradoja, despiadada ironía del destino: la mujer acaso más amada y deseada del siglo XX hallaba un hombre que le parecía perfecto, pero, para él, ella sólo era un bello y cautivante objeto sexual.

Primeros destellos

Si esta historia tuviera que reseñar las fiestas a las que la diva concurrió, no sólo se extendería en un largo e inútil catálogo sino que nos veríamos obligados a caer repetidamente en la pintura festiva de escotes y trajes de gala, champaña y ritmo de swing, langostinos y whisky —y por qué no gaseosas y jugos—, jazz y otras cadencias musicales, pasos de baile, abrazos y besos, promesas y frivolidades, preámbulos de la cama ardiente o insípida, humo azul de cigarros rondando el aire de fiesta nocturno, sustancias no permitidas por la ley para alegrarse o restituir energía al cuerpo o el espíritu fatigados.

Hacia finales de 1948, en una de esas burbujeantes recepciones sociales, después de romper con Fred Karger, Marilyn conoció a un importante ejecutivo de una compañía, considerado como uno de los "popes" más influyentes de Hollywood: John Hyde.

Hyde se enamoró locamente de Marilyn y desde entonces luchó por imponerla en el cine.

—No amo a John, Mary. Es muy bueno conmigo, él sí me ama, hace lo imposible para conseguirme un buen papel. Te diría que lo aprecio, lo quiero, pero como a un amigo. A veces, cuando tenemos sexo, siento ternura por él.

A veces cierto cansancio, tedio. No, no lo desprecio. Pero no siento por él lo que sentía por tu hermano. Fred era único...

—Lo siento. Soy su hermana. No puedo darle directivas.

Una pausa. Un café humeante se anuncia con su fragancia desde la cocina.

—¡Ja, ja, ja, ja!

—¿De qué te ríes?

—Es que parece que los hombres me aman o me desean, pero no pueden evitar cambiarme. Fred, los dientes, y Johnny... una operación de cirugía plástica para —¿lo ves?— sacarme una pequeña protuberancia cartilaginosa de la punta de la nariz. Además, me implantaron... uf... siliconas aquí, en la mandíbula, para suavizar las facciones de la cara. No me digas que no lo habías notado.

—Bueno, algo raro veía pero...

—No querías decírmelo.

—Te queda muy bien.

—No seas tímida, Mary. Las mujeres tímidas no van a ningún lado. Eres una buena amiga. A ti te cuento cosas que no les cuento a otras amigas famosas, más encumbradas, hollywoodenses, ja, ja, ja...

—¿Quieres otro café?

—No, gracias. Después tengo insomnio. Al final voy a pensar que no soy... que no era tan hermosa: me cambian la nariz, la boca, el mentón...

—Son perfeccionistas y lo hacen para que des mejor en cámara...

—¿No se podrá cambiar el corazón cuando se está triste, eh, Mary?

Finalmente Hyde consiguió que Marilyn participara con su nuevo look en una película de los muy populares hermanos Marx.

El film se titulaba *Love happy* (su título en castellano fue "Amor en conserva" y también se conoció como "Locos de atar"), y Marilyn desempeñaba el papel de clienta anónima de un detective, interpretado por Groucho Marx.

Con su aspecto bello e ingenuo, terriblemente provocador y naif, Marilyn entraba en la oficina del detective interpretado por Groucho y decía: "Me están siguiendo unos hombres". Y el cómico del cigarro y el bigotón replicaba: "¿En serio? No veo por qué".

Era febrero de 1949.

Tres meses después protagoniza lo que —por una suma de prestigios— se convertirá en un ícono legendario para el glamour y el sexo, al posar desnuda sobre un terciopelo rojo. La revista en la que se publicó esa foto, años después, era el primer número del mensuario *Playboy* que salía a la calle. Hoy ese ejemplar es un tesoro en cualquier hemeroteca.

El fotógrafo que tuvo el privilegio de retratar a la aún ignota Marilyn se llamaba Tom Kelley, y en principio la foto estaba destinada a un almanaque.

Según contó Marilyn años después, más de una vez le habían propuesto posar desnuda pero siempre había rechazado las ofertas. Esta vez algo la llevó a dar el sí.

"Por la foto para el almanaque recibí esa noche un cheque por cincuenta dólares —comentó—. Al día siguiente pagué el alquiler y me di el lujo de cenar tranquilamente en casa."

No era poco si se consideraba su situación en esos momentos. Y era nada, si se pensaba que aquella belleza rubia y curvilínea que encandilaría al mundo ya se llamaba Marilyn Monroe.

Un suéter color carne

"Marilyn Monroe venía cada noche con un miembro diferente del equipo, pero vistiendo siempre el mismo suéter: era rosa, de angora y escote en V. Se decía que lo usaba hasta para dormir. Y era evidente que no usaba corpiño."

Esto escribió una colega suya, la actriz Anne Baxter, en su autobiografía. Compartirían trabajos —Baxter como protagonista y Marilyn como actriz de reparto— en *Pasaje a Tomahawk* y *La malvada*.

Ya entrados los años 50 Marilyn consigue un papel en un film de gran repercusión, *La jungla de asfalto*, también conocido como *Mientras la ciudad duerme*, de John Huston.

Había sido otra exitosa gestión del enamorado Johnny Hyde para que Marilyn siguiera avanzando sin tregua en el mundo del cine.

—¡Excelente!

—¡Felicitaciones!

—Bueno, muchas gracias.

—Ey, escucha lo que dice de ti el cronista del New York World Telegram: "Una actriz plena de fuerza, vale la pena seguirla; su rol es pequeño pero ella lo convierte en dominante".

—Oh, ¿estás seguro de que lo dice de mí, Sidney?

—No seas tonta.

Iban caminando por las calles interiores del estudio, que ahora no parecen tan indiferentes. Siempre se daban vuelta para mirarla, pero hoy parece que los turbados admiradores son muchos más.

Marilyn ha comenzado a subir peldaño tras peldaño y sus fans no sólo están en las calles o en las butacas de los espectadores.

El director Elia Kazan queda tan impactado por su belleza que pone todas sus fuerzas en seducirla.

Por un breve período y en forma más o menos clandestina —Kazan está casado— mantienen un apasionado romance.

Un contrato en la Columbia Pictures no le es renovado, y las malas lenguas afirman que el director del estudio, Harry Cohn, habría actuado resentido porque Marilyn se había negado a pasar un fogoso fin de semana con él.

Con respecto al famoso suéter rosado, también se despachó John Campbell, antiguo publicista de la Fox.

"Rondaba las puertas de nuestra oficina todo el tiempo —relató alguna vez—. Yo era el contacto con la prensa para las operaciones de promoción. Marilyn entraba en mi despacho con su suéter ajustado y simplemente se quedaba allí. Nunca fui rudo (ella era muy simpática y eso era imposible), pero yo sólo deseaba que se fuera... Cosas de la vida: quería desembarazarme de ella, y con los años ella se desembarazó de mí."

La popular revista *Colliers* relató tiempo después cómo Marilyn supo capitalizar su belleza y sus visitas: "Un día de marzo –decía el artículo– el departamento publicitario había organizado unas tomas en las que ella vestía una negligée color carne. Cuando terminó, mientras caminaba por las calles del estudio hacia el guardarropa, se levantó un viento fuerte. Marilyn continuó paseándose cerca del edificio de administración. 'Fue como si hubiera vuelto el avión de Lindbergh –recordó un ejecutivo del estudio–. La gente se asomaba a las ventanas... Y allí estaba Marilyn, cándida y completamente imperturbable, sonriendo y saludando a todo el mundo: a quienes conocía, a quienes no conocía y a quienes tenía la esperanza de llegar a conocer'."

En algún lugar del universo los astros se estaban cruzando e influyendo mutuamente, para que los próximos pasos de la mujer del suéter color carne condujeran a una conjunción que deslumbraría al mundo.

Geminiana, para más datos

—Geminiana, del primer decanato, y en el horóscopo chino eres Ti-
gre... ¿A qué hora me dijiste? Ajá. Claro. A ver... Júpiter, regente de V, an-
gular en VII, conjunción Luna, nos habla de la popularidad, máxime
cuando llega a estos astros el sextil de Venus y débilmente el trígono del
Sol.

Dos sahumerios elevan su línea de humo gris hacia el techo decorado
con estrellas, planetas, constelaciones... La cortina es de un terciopelo rojo oscuro que otorga una penumbra fantástica a la habitación. La mujer
morena, de unos cuarenta años, no tiene el aspecto que el cine y la televisión dan siempre como estereotipos de "la bruja". Es una mujer hermosa, algo madura para los cánones de la época, pero no desentonaría en
un set de filmación como una seductora con experiencia.

—Tendrás fortuna. Seguirás haciendo películas, mucho más importantes que las que has filmado hasta ahora...

—¿Cuándo, pronto?

—Sí, claro que pronto. Y volverás a casarte.

La rubia hermosa duda antes de preguntar; le parece ingenuo o infantil:

—Señora Zoe, ¿cómo será él?

—Bueno, tratándose de ti casi no es necesario adivinar que será un
hombre apuesto y exitoso.

El lenguaje de las estadísticas diría hoy que aquella astróloga vidente
realizó sus predicciones con un margen de aciertos del 64 %, lo que no
está mal cuando de predecir el sinuoso y accidentado camino del futuro
se trata, aunque algunos errores sean muy gruesos.

—Te retirarás a una mansión en las afueras de Los Ángeles, cuando seas vieja, y recibirás los homenajes de todos los que te recuerdan...

—Dime, Sid —preguntaría Marilyn horas más tarde en su departamento—, tú que eres tan inteligente, tú que sabes tantas cosas, ¿crees en la astrología, en la videncia?

—Bueno, todo es relativo. Se han detectado casos de videncia que realmente se han comprobado, pero a la vez ese vidente no acierta siempre, digamos. Tiene como iluminaciones. Aparentemente, y si no hay trampas, puede vislumbrar alguna vez algún hecho del futuro, pero puede errar en otros. Y con respecto a la astrología, creo que las personas que pertenecen al mismo signo se parecen en características generales, pero no coinciden sus destinos. ¿Cuántas mujeres de Géminis o más concretamente del 1 de junio hay, y cuántas son tan hermosas y son modelos y actrices?

—Claro.

—¿Un trago?

—Medio.

—¿Qué pasa? Es viernes.

—Tengo que cuidar la silueta, lo sabes.

—Sin embargo, estás muy bien. Te mantienes muy bien. ¿No te lo decía yo, acaso? ¿No son buenos los consejos del tío Sid?

Unos pisos abajo ruge la ciudad hostil y maravillosa.

Sidney Skolsky es un hombre bajo, regordete, de anteojos. Nadie diría que fue o puede ser alguna vez un sex symbol. Pero es un periodista brillante, y sus opiniones influyen en el difícil mundillo del espectáculo. Y tiene una relación paternal con Marilyn.

—Sí, esas anfetaminas son muy buenas. Realmente me quitan el hambre.

—No recomiendo nada que no haya probado. Y funcionan. Si no yo sería... bien... sería el doble —dice Sid golpeando suavemente su abdomen de gordito.

Suena el teléfono y al tercer "ring" Marilyn atiende, con un movimiento y un tono de voz como si allí hubiera una cámara y la estuvieran filmando.

—Uauuuuu... Claro, sí, allí estaré. ¡Uauuuuuu, Sid!

—¿Qué pasa?

—Mañana... estoy... — a Marilyn le falta el aire.

—Oye, cálmate, qué pasa...

—Estoy citada en... ¡Oh, Sid, es maravilloso! ¡Joseph Mankiewicz va a darme un papel en *La malvada*, un pequeño papel, pero...

—¡Oh, Marilyn, Marilyn! —Sidney la abraza y dan vueltas en el living amplio, como en un baile torpe.

—¡Oh, es maravilloso! Actúan Anne Baxter y Bette Davis, también George Sanders! ¡Será mi gran oportunidad!

Marilyn saltaba en el living iluminado a pleno. Abajo las bocinas y los motores de los autos parecían compartir y celebrar esa alegría.

—Sid, qué contenta estoy, es una maravilla. Mankiewicz me vio en *La jungla de asfalto* y le gustó mucho mi actuación. No sólo mi cara, no sólo mi cuerpo, ¡mi actuación!

—Festejémoslo como se merece. Pero mañana, otra vez de régimen, y te levantas temprano y llegas puntual, ¿eh?

El asfalto parece una gran alfombra gris esa noche, una alfombra colocada para dar paso a una estrella que nace.

—¿Sabes? Sigo encontrando semejanzas asombrosas de tu vida con la de Jean Harlow.

—Claro, era mi... mi ídolo —ríe Marilyn—. Me hubiera gustado mucho ser aprobada por ella.

Skolsky, que había conocido a Jean, tenía razón. El tiempo había probado ciertas coincidencias y aún haría que, como una pieza que encaja a la perfección en un molde, hubiera más.

Jean y Marilyn habían sido criadas por familias religiosas muy estrictas. Ambas se casaron por primera vez a los dieciséis años.

Las dos quebraron costumbres y códigos morales de la época al posar desnudas para las cámaras.

Cada de una de ellas pasó su vida buscando vanamente a su padre.

Tanto Jean como Marilyn adoptaron el nombre de sus madres para actuar en el mundo artístico.

Ambas vivieron en un mismo sitio —North Palm Dirve— en algún momento de sus vidas.

Los sedantes y barbitúricos no les fueron ajenos en los últimos años de sus existencias.

Y así como Marilyn asistiría al cumpleaños del presidente John Fitzgerald Kennedy, Jean Harlow había hecho lo mismo con el por aquel entonces presidente, Franklin Delano Roosevelt.

Clark Gable dijo de Jean: "Ella no quería ser famosa. Quería ser feliz". Y aunque no dijo lo mismo de Marilyn, bien podría aplicársele esa reflexión.

—Sí, festejemos, Sid. Jean Harlow también lo habría hecho.

En las luces rutilantes, en el murmullo de la ciudad, aun en las sombras esquivas de ciertas calles, late una música secreta y celebratoria.

Efectivamente, la actuación en *La malvada* había puesto en movimiento la rueda: la Twentieth Century Fox ha ofrecido a la señora Marilyn Monroe un contrato de siete años, a la vez que hará funcionar el gigantesco aparato de propaganda y publicidad para darle brillo a esa pequeña estrella, hasta convertirla en una constelación.

—Sid, esas pastillas que tomas para dormir como un santo toda la noche... ¿cómo era que se llamaban?

—Sí, okey, pero lo mejor es tomarlas sin haber ingerido demasiado alcohol, ¿okey?

Miss América y Mister América se encuentran

—Amas más al cine que a mí.

—No, no amo más al cine...

—Bueno, a tu carrera. Si me amaras en serio dejarías de andar... mostrándote en los sets y en las fiestas y te quedarías...

—Claro, el señor quería un ama de casa que lo esperara todos los días, que le alcanzara las pantuflas con un "oh, ¿quieres un trago, cariño?, estarás cansado".

—No, tampoco eso. Pero no me falta dinero, bueno, no nos falta. Podríamos hacer una vida más normal, ni tan aburrida ni tan de estrella.

—Si a principios de tu carrera, cuando comenzabas a crecer como beisbolista, cuando todo el mundo comenzaba a aclamarte, yo te hubiera pedido —imagina eso, Joe, quince, veinte años atrás— yo casada contigo, diciéndote: "Abandona el béisbol, consigue un trabajo en un banco o en la farmacia de la esquina. Vamos, hazlo. ¿O es que amas al béisbol más que a mí?".

—¡Oh, por Dios, no es lo mismo!

—¡Sí, sí es lo mismo! En el fondo es exactamente lo mismo.

Marilyn había conocido a Joe Di Maggio cuando éste andaba en los treinta y siete y ella lucía sus deslumbrantes veinticinco.

Di Maggio acababa de retirarse del béisbol, deporte en el que durante años había sido una estrella absoluta, el ídolo del pueblo norteamericano.

"Joe era extraño: tímido y reservado por una parte y al mismo tiempo cálido y simpático. Nos conocimos en una comida en el Variety Club, una noche llena de celebridades. Y de pronto advertí que Joe, que estaba sentado a pocos metros de mí, no había tocado su plato. Me miraba insistentemente", declararía Marilyn poco tiempo después de su boda con Di Maggio.

De la bomba rubia platinada se podrá decir que tuvo muchos hombres y que a una buena cantidad de ellos no los amó, pero también puede afirmarse, como un tanto a su favor, que siempre fue muy discreta en lo relacionado con su vida íntima.

Salvo la tragedia final que sin duda la superó, Marilyn jamás provocó escándalo ni aprovechó su vida privada para exhibirla ante el periodismo y la opinión pública y así fogonear su fama.

Y si bien no trascendieron detalles íntimos, la relación con Joe atrajo naturalmente la atención del público: se estaba por producir la unión de la belleza y el talento atlético, la unión de dos ídolos populares norteamericanos, tocados por la varita mágica.

—¡Corten! ¡Qué pasó, Marilyn!

La rubia estaba en el piso, lastimada en una pierna, producto de un mal movimiento y una caída.

—¡Ouch, me duele y bastante!

—A ver...

—Déjame ver... no es nada, Marilyn. ¿Crees que puedes seguir?

—Sí, creo que sí, Tom. A ver, ¡ay! Oh, no, me duele... mucho.

El hombre hace un gesto de fastidio.

—Bien, interrumpimos para almorzar. Después seguimos.

La película es *El río sin retorno*, y la pierna duele en serio.

Sus compañeros tampoco parecen preocuparse mucho, aunque ella no es mujer de fingir o exagerar dolores o accidentes. Se levanta con dificultad y va cojeando hacia la oficina donde el alto teléfono negro parece estar esperándola. Llama al que por entonces aún es su novio.

—Hola, Joe... Sí, algo lesionada —se ríe— . Ouch.

No pasa mucho tiempo: el ídolo del béisbol irrumpe con urgencia en el estudio, como si estuviera en los minutos finales de uno de sus grandes partidos. Y no viene solo.

—Hola, hermosa —saluda y besa a Marilyn—. Él es el doctor Logan y ella es Sally, su enfermera. Ellos te atenderán, y bien —Di Maggio mira de reojo y sin la más mínima simpatía a los compañeros de filmación de Marilyn—. A ver qué le pasa a esa hermosa pierna...

El gesto de Di Maggio impresiona profundamente a Marilyn. Se siente considerada, querida, cuidada.

El noviazgo se hace más intenso. Y poco tiempo después, la gran masa de fans estadounidenses ven cómo la promesa genética de americanitos fuertes y bellos, atléticos, sensuales y triunfadores se consolida con la unión en matrimonio de dos de sus mayores ídolos: Miss América y Mister América, los llaman.

Pero las líneas de sangre, los temperamentos de las personas y sus destinos individuales suelen tomar caminos inesperados y en la dirección totalmente contraria a la que se esperaba. En apenas siete meses sobreviene el divorcio.

Sin embargo, y a pesar de que el matrimonio duró mucho menos que el noviazgo, las mujeres más románticas y mejor informadas afirman que acaso Di Maggio fue el único que la amó. Y que, incluso, la amó más allá de la muerte.

Gustos, coincidencias y disgustos

—¡Vendido a la dama del vestido rojo y negro en...!

El lugar es la prestigiosa casa de subastas Christie's y —ha corrido el tiempo— es 1999. Hace ya treinta y siete años que Marilyn dejó al mundo privado de su encanto.

—Excelente adquisición, Gwen.

—¡Sí, qué envidia! ¡Felicitaciones!

—Lástima que no pude quedarme con el pañuelo de gasa.

—No seas codiciosa. Tener esa chaqueta de Marilyn ya es bastante, ¿no?

—¿Sabes la historia?

—No.

—La compró en México en uno de sus viajes. Su madre había nacido en México.

—No lo sabía.

—No, yo tampoco.

—Había nacido en Piedras Blancas, en 1902.

—O sea que cuando la tuvo a Marilyn...

—A Norma Jean.

—Claro, a Norma Jean, tenía 24 años.

—A ver, déjame observar de cerca esa chaqueta.

Los gustos de Marilyn con respecto a las prendas variarían con los años, pero una ley que respetaba al pie de la letra cuando estaba en público era la de los vestidos ajustados, y nadie podría criticarla por eso.

Para el cumpleaños número cuarenta y cinco de John Fitzgerald Kennedy, cuando éste era presidente de los Estados Unidos, Marilyn fue invitada especialmente. Para esa ocasión (cuyos entretelones se narrarán más adelante) Marilyn pidió a su modisto preferido de entonces, Jean Louis, que le diseñara un vestido que fuera como una segunda piel. El modelo costó 5.000 dólares y los invitados más cercanos dan fe de que Marilyn lo lució sin ninguna ropa interior.

En un reportaje realizado por una popular revista neoyorquina con preguntas que habían enviado las lectoras, está Marilyn de cuerpo —y alma— enteros.

—¿Por qué usa vestidos tan escotados?

—La verdad, no me había dado cuenta.

—¿Qué hace en su tiempo libre?

—Cuando una actriz está haciendo una carrera en el cine, como en mi caso, hay muy poco tiempo libre. Pero los pocos momentos que tengo los invierto en leer y estudiar.

—En la película Niágara, cuando usted está en la cama cubierta por una sábana, además de la sábana que la cubría ¿llevaba usted alguna otra prenda?

—Yo siempre uso la ropa apropiada a cada situación.

—Denos la descripción del hombre ideal.

—Es un hombre gentil y considerado. Pero jamás he fantaseado sobre "el hombre ideal". Tengo mis dudas acerca de si existe tal persona.

—¿Cómo hace para mantener su cuerpo tan maravilloso?

—Camino, hago ejercicios y estudio control corporal.

—¿Qué piensa de las chicas que intentan imitarla?

—Éste es un país libre y democrático, y nadie tiene el monopolio de nada.

—¿Cuántos novios tiene en... una semana?

—Me temo que usted está leyendo demasiadas revistas de chismes.

—¿Es usted feliz siendo quien es o más bien le gustaría ser (nombra dos personajes de película)?

—Estoy contenta con ser Marilyn Monroe y trato de hacerlo lo mejor que puedo. Ser uno mismo es un trabajo de 24 horas, todos los días, ¿no le parece?

—¿Cuál es su peor defecto?

—Probablemente tengo muchos, pero el peor es mi dificultad en recordar que en una hora hay sólo 60 minutos. Soy impuntual y no puedo remediarlo.

—¿Piensa que es grosero o le agrada cuando un hombre silba a su paso?

—Cualquier chica a la que le disguste que le silben debería vivir en una isla desierta.

—¿Cuáles son sus medidas?

—37 de busto, 23,5 de cintura, 37,5 de caderas (92-59-94, aproximadamente), o al menos eso me dicen.

—¿Es cierto que usted ha posado para fotos de calendario?

—Sí.

—¿Usted actúa de la misma manera en la pantalla y fuera de ella?

—Cuando trabajo, actúo. Cuando estoy en casa, no ¿Acaso usted se comporta igual cuando está en su trabajo, como secretaria, vendedora, maestra o lo que sea? ¿Por qué traerse el trabajo a casa?

—¿Cuál es su pasatiempo favorito?

Caminar. Puedo caminar sola durante horas.

—¿Era usted una chica popular en la escuela?

—No he ganado premios de popularidad, pero he tenido un montón de buenos amigos.

—¿Cuántas citas tiene en la semana?

—Cuando estoy trabajando en una película no tengo tiempo para salir. Además no pienso en algo así como cantidad de citas por semana, eso me parece un poco tonto. Si alguien me invita a salir y creo que su compañía es agradable, lo hago. Si no, me quedo en casa con todo gusto.

—Si no fuera actriz, ¿qué otra cosa le hubiera gustado ser?

—Es divertido, pero no, nunca he pensado en otra cosa que ser actriz.

—¿Usted camina en la vida real como camina en *Niágara* (película que protagonizó junto a Josehp Cotten)?

—Nunca pienso en cómo camino. Pero desde el momento en que en la película estoy haciendo el rol de cierto tipo de mujer, que no soy yo, y considerando que la manera de caminar ayuda a enfatizar el carácter del personaje, yo camino así en la película. Pero estoy segura de que mis caminatas en la vida real no son iguales a las del personaje.

—¿Está contenta con la imagen que tiene, o le gustaría ser admirada por otra cosa además de por su figura?

—Me gustaría ser reconocida como una buena actriz.

—¿Quién fue su primer amor?

—Nadie que usted conozca.

—¿Es usted sexy y provocadora por naturaleza o disfruta de jugar ese tipo de mujer?

—¿Qué es un "tipo"? Yo soy yo: Marilyn Monroe.

—¿Cuáles son sus hobbies favoritos?

—Nadar, coleccionar discos, leer y bailar, cuando tengo tiempo.

—Usted es una mujer amable, ¿qué cosas hacen que pierda esa amabilidad?

—Sí, pienso que tengo amabilidad, pero la pierdo cuando la gente dice o escribe cosas de mí que no son ciertas.

—¿Qué es lo primero que la atrae de un hombre: su aspecto, su personalidad?

—Depende de cada hombre, pero la personalidad es sin duda más importante. Y creo que el sentido del humor es un dato fundamental para conocer la personalidad de alguien.

—¿Quién es su mejor amiga?

—No tengo una mejor amiga, pero tengo muchas cuya compañía es muy valiosa para mí.

—¿Existieron fricciones entre usted y Jane Russell cuando protagonizaron *Los caballeros las prefieren rubias*?

—De ninguna manera. No entiendo el porqué de ese rumor, a menos que la gente no pueda creer que dos mujeres pueden trabajar juntas en armonía. Jane es una de las personas más dulces que he conocido y me siento orgullosa de poder decir que es mi amiga.

—¿Cuál es su idea de una buena cita?

—Me gustaría una noche serena con alguien cuya personalidad y conversación me intriguen.

—¿Cómo se siente acerca de las críticas por sus vestidos escotados?

—A mí no me gustan las críticas de ningún tipo. ¿A usted?

—¿Qué clase de hombre le gustaría para esposo?

—No sé qué decirle porque en este momento no estoy pensando en casarme. Por supuesto que quiero tener un esposo y tener hijos, pero lo haré cuando sea el tiempo.

—¿Qué clase de vida vivió antes de convertirse en la estrella que ahora es ?

—Tuve algunos días difíciles y algunos placenteros. Fui a la escuela, tuve algunos trabajos, busqué sin descanso actuar en pequeños papeles en películas, tuve muchos fracasos que dolieron mucho y finalmente en alguna pequeña medida alcancé cierto éxito.

—¿ Es cierto que tiene sueños que le anuncian su futuro?

—Más que anunciarme mi futuro me muestran situaciones raras.

—¿Puede contarnos alguno?

—Sí, uno que se ha repetido varias veces, en el cual estoy en una iglesia, totalmente desnuda y con las demás personas tumbadas en el suelo. Yo caminaba así, desnuda, paseándome entre ellas y sin tocarlas, teniendo cuidado de no pisarlas...

—¿Tuvo alguna sensación especial?

—Me sentí libre.

—¿Le preocupa no sentirse libre?

—Es que siempre me he sentido una inconformista y no me han gustado las normas establecidas, la rutina y la hipocresía de la gente diciendo que admite de buen grado lo que en realidad no admite para nada.

—¿Suele tomar baños de sol totalmente desnuda?

—No, pero no por una cuestión de pudor, sino solamente porque creo que el sol no beneficia a mi piel. Me gusta sentirme blanca en todo el cuerpo.

—Hay quien dice que nunca lleva ropa interior.

—Suelo prescindir de ella en verano, ya que creo que es mejor dejar el cuerpo en libertad.

—¿Y para dormir?

—Chanel número 5. (Esta respuesta sería memorable.)

—¿Cuál es la edad ideal para la mujer?

—La belleza y la femineidad no tienen edad.

—¿Considera que vivimos en un mundo de hombres?

—Si es así no me estorban, siempre y cuando me dejen ser mujer. Yo estoy orgullosa de ser mujer y cuanto más me diferencio de los hombres mejor me siento y soy más feliz. No busco la igualdad y estoy muy contenta de ser mujer.

—¿Se considera un símbolo sexual?

—Un símbolo sexual es un objeto y yo detesto ser objeto. No soy una mercancía, pero estoy segura de que muchas personas me consideran así. Lo que yo quiero es ser una artista del cine, no un fenómeno de masas.

Para seguir con la relación de Marilyn con la vestimenta, es sabido que prefería la ropa y los zapatos de diseño italiano para su vida cotidiana, fuera de los estudios.

A mediados de los cincuenta Bill Travilla era su modisto favorito. Travilla ganó un Oscar por mejor vestuario y fue nominado cinco veces para la codiciada estatuilla.

Bill, que se convirtió en un gran amigo de Marilyn, diseñó su vestuario para once películas producidas por la Twentieth Century Fox.

Tuvo el honor de ser el creador de ese maravilloso vestido que el aire del subte hace "volar" con tanta gracia en *La comezón del séptimo año*, y que causaría la furia de Di Maggio.

También es el responsable de ese otro vestido que usa Marilyn en *Los caballeros las prefieren rubias* cuando canta la canción, también muy popular por aquellos años, "Los diamantes son los mejores amigos de una mujer".

Pasando del rubro vestimenta al de peluquería, es ya un hecho comprobado que todos los sábados una veterana peluquera perteneciente al staff de los estudios cinematográficos arribaba a la casa de Marilyn para tratar con suavidad y estilo su glamorosa cabellera. Lo que no está comprobado (pero sí existen fuertes sospechas de ello) es que esta madura especialista en cabezas famosas también habría platinado a otros dos íconos de la pantalla: Jean Harlow y Betty Grable.

Un fogueado peluquero de Hollywood al que no se le pasaba un detalle comentó una vez:

—En las fotos de primeros planos se le puede ver a Marilyn vello decolorado en la zona de las patillas. Les explico por qué: era producido por el uso de cremas de belleza que contenían hormonas de placenta humana, que estaban muy de moda en aquellos años cincuenta. Se advierte muy bien en la foto de Bert Stern en la que ella está tomando champaña.

La única vez que Marilyn llevó peluca en un rodaje fue en *Los inadaptados o Vidas rebeldes*. También usó un postizo, pero parcial, en *El río sin retorno* y *El príncipe y la corista*. En *Los inadaptados* se debió a que la película exigía muchas tomas en exteriores y el pelo rizado de Marilyn tendía a crisparse por las constantes decoloraciones platinadas de que era objeto.

Alan Snyder, que fue su maquillador incluso posmortem, dijo que nunca había visto a nadie que conociera tan bien su rostro como Marilyn:

—Poseía trucos para dar bien en foto y en pantalla y siempre quedé sorprendido, a pesar de mi experiencia, de que su piel no necesitara más que una sola capa de maquillaje base. Era espléndida.

Con lágrimas en los ojos, muchos años después, Alan recordaría:

—No podía creerlo. Marilyn estaba muerta. La maquillé, tal y como ella me lo pidió una vez. Claro que no fue una petición trágica, sino esas cosas que se dicen en un momento desenfadado en el que uno habla de su propio final. Ella me lo había pedido y yo cumplí mi promesa. La maquillé y le puse peluca al cadáver porque, después de lavarlo, su pelo no quedó bien debido al exceso de tintes y decoloraciones. Después de esto yo nunca volví a ser el mismo.

En sus momentos finales, a pesar del descuido de sí misma, del alcohol, los barbitúricos y las depresiones, aún seguía siendo hermosa.

En esos días ella solía estudiar frente al espejo las más pequeñas líneas de su rostro, y decía a quien quisiera escucharla: "Mira, me estoy volviendo vieja".

No era así, y su belleza triste resplandecía en las vísperas de la tragedia.

Incluso la vida le había traído tranquilidad económica, ya que el estudio le pedía que volviera a filmar después de conflictos por sus ausencias al rodaje, y le ofrecía una cifra superior a la anterior, algo por lo que Marilyn siempre había luchado, la mayoría de las veces en vano.

Cruel ironía: sus deseos se cumplían cuando a ella comenzaban a fallarle las fuerzas para seguir adelante.

Pero todavía faltan unos cuantos años para el fin de una vida que apenas alcanzó los treinta y seis años.

Ahora entra en escena Truman Capote. Este gran escritor norteamericano, autor del famoso relato A sangre fría, creador junto a Norman Mailer de una nueva forma literaria, que combina la ficción con el periodismo, era amado y odiado acaso en la misma medida.

Como periodista realizó reportajes en los que, emborrachándose con el entrevistado (con Marlon Brando, por ejemplo), obtuvo confesiones muy íntimas de éste, pero con la firme promesa de que no las daría a luz.

Capote las publicó muy poco después, con lujo de detalles. Lo mismo haría con otros artistas, que le reprocharon su actitud, a lo que él replicó algo así como: "¿Y qué pensaban? ¿Que yo era el payasito y el confidente de ustedes por el simple precio de que compartiéramos un trago? Soy un periodista y un escritor, y mi deber es decir la verdad".

Capote no quiso o no pudo ser tan duro con Marilyn; tenía dos años más que ella y moriría en 1984, poco antes de cumplir los sesenta, con un cuerpo estragado por las drogas y sobre todo por el alcohol.

En ocasión de la muerte de la actriz clásica inglesa Constance Collier, Capote haría una larga entrevista a Marilyn. Cabe recordar que Truman había presentado a ambas mujeres, y a partir de allí Constance sería una buena maestra de Marilyn.

En un momento, en la capilla de Nueva York donde se despidió a la actriz inglesa, una Marilyn muy nerviosa le dijo a Capote:

—Estoy tan nerviosa. ¿Dónde está el lavabo? Si pudiera entrar ahí nada más que un minuto...

—¿Y meterte una pastilla? ¡No! Chsss —le respondería Truman.

En ocasión de que su novela *Desayuno en Tiffany* iba a ser filmada, Capote manifestó que Holly Golightly era su personaje favorito.

Cuando la Paramount se dispuso a rodar el film, Capote propuso a su amiga Marilyn para representar a Holly, pero el estudio finalmente se decidió por Audrey Hepburn. Truman quedó dolorido y decepcionado por la elección.

Marilyn confesaría en aquel largo reportaje, en los funerales de la actriz inglesa, que no le gustaban las ceremonias, y que le agradaría, al morir, que sus cenizas fueran arrojadas al mar por alguno de sus hijos, si es que alguna vez los tenía.

Y con respecto a la anciana actriz y maestra dijo: "Miss Collier se preocupaba de mí, de mi bienestar, y era como una abuela, como una abuela vieja y dura, pero me enseñó mucho. Me enseñó a respirar. Hice buen uso de esa enseñanza, y no me refiero sólo a actuar. Hay otras veces en que respirar es un problema".

Como tantas otras personas que adoraban a Marilyn, cuando ésta le pregunta a Capote "qué dirías si te preguntaran cómo era Marilyn Monroe", el escritor responde, sin duda emocionado:

—Diría que eres una hermosa criatura.

Otro notable de la época, como Clark Gable, intentó definir con mayor precisión la personalidad de Marilyn: "Creo que ella es una mujer diferente para cada hombre ya que, de alguna forma, combina las cualidades que cada uno más aprecia. Es una especie de extremo, a su modo, con un millón de lados, todos los cuales son fascinantes. Es absolutamente femenina y la suya es una femineidad sin maldad. Todo lo que hace Marilyn es diferente de lo que haría cualquier otra mujer, desde la forma de hablar hasta la forma de utilizar su magnífico rostro".

El director Joseph L. Mankiewicz, que la dirigió en *La malvada*, comentaría:

—Marilyn era una mujer asustada, pero a pesar de su miedo transmitía una extraña impresión en las fotografías. De hecho, la cámara la adoraba...

—Monroe es la más genial de las actrices que he conocido. Es la actriz más completa desde Greta Garbo —comentó un admirado Joshua Logan, quien la dirigió en *Bus stop* (Nunca fui una santa). Observen su trabajo en cualquier película. Pocas veces necesita palabras. Expresa casi todo con sus ojos, sus labios y sus delicados gestos casi accidentales. Monroe es puro cine.

—¿En serio piensan eso de mí? —seguramente sentía Marilyn.

Pero sí, lo pensaban muy en serio.

Susan Strasberg, hija del fundador del Actor's Studio, afirmaba:

—Poseía una especie de halo, una aureola de luz que la rodeaba: parecía que las fotografías la canonizaban y ofrecía una criatura casi etérea a la vez que sensual.

Su padre, el legendario Lee Strasberg, iría aún más lejos:

— En sus ojos y en los míos su carrera acababa de empezar. El sueño de su talento, que ella había alimentado a lo largo de su corta vida, no era un espejismo. Cuando llegó por primera vez a mí, me quedé asombrado de la sorprendente sensibilidad que poseía y que había permanecido fresca e indemne, luchando por expresar su propia rebeldía por la vida a la que había estado sometida. Otras eran más guapas físicamente que ella, pero obviamente había algo más, algo que la gente veía y reconocía en sus interpretaciones y con lo que la identificaban. Tenía una cualidad luminosa, una combinación de tristeza, resplandor y ternura que la ponía en lugar aparte. Esta cualidad era incluso más evidente cuando estaba en el escenario. Estoy verdaderamente apenado de que ustedes y el público que la amaba no tengan la oportunidad de verla como nosotros lo hicimos en el Actor's Studio, en muchos de los papeles que presagiaban lo que hubiera llegado a ser. Sin ninguna duda, una de las mejores actrices de la escena.

Y quién mejor que un fotógrafo —y en este caso muy prestigioso, como Bert Stern— para hablar del tema.

—Recorría su rostro una y otra vez buscando, pero no pude encontrar el secreto de su belleza. No tenía una gran nariz como Liz Taylor, ni unos labios perfectos como Brigitte Bardot. Tampoco tenía los ojos almendrados de Sofía Loren. Y sin embargo las superaba a todas ellas juntas.

Las opiniones a favor de esa extraordinaria fotogenia arrecian. Ahora es el turno de una profesional de la fotografía de la revista *Magnum*, Eve Arnold:

—Nunca conocí a nadie con un don natural como el suyo ante la cámara de fotografías. Ha sido el paradigma que he utilizado, inconscientemente, para juzgar a muchos otros modelos.

Ahora suena en el combinado el tema musical favorito de Norma Jean, "Over the rainbow", para trasladarnos a una nueva escena y hablar de otras preferencias y rechazos suyos.

—¡Odio las aceitunas, y lo sabes muy bien! —dice furiosa Marilyn.

—Sin embargo están muy ricas... mmm... —Joe exageraba su placer al degustarlas—. Mmm... No conseguí caviar.

—...

—Y de paso sea dicho: yo también odio que no vuelvas a hacerme los espaguetis con esa salsa que te enseñó mi madre.

—No tengo tiempo. Y no me gusta cocinar, lo sabes.

—Pero al principio me los hacías.

—Era para complacerte. Pero tengo muchos compromisos como para ser la cocinera italiana del signore Di Maggio.

Ciertamente la madre de Joe le había enseñado a preparar una salsa muy rica para acompañar las pastas. Pero Marilyn se inclinaba —según estuviera de ánimo— por comer en Romanoff's, su restaurante preferido, en el que filetes y caviar solían ser platos requeridos con frecuencia.

Decimos lo del ánimo porque también disfrutaba sandwiches y hamburguesas, mientras un pañuelo en su cabeza, grandes anteojos oscuros y una ropa sencilla la camuflaban del mundo cuando quería ser una muchacha más en la multitud.

Además, y siguiendo con el rubro culinario, no sólo no rechazaba las sopas, como podía imaginarse en alguien que las había consumido a menudo en el orfanato, sino que le gustaban mucho.

En reuniones con amigos, antes de servir la sopa, Marilyn tenía la costumbre de recitar estas líneas:

—Siete virtudes tienen las sopas:/ quitan el hambre/ y dan sed po-
ca,/ hacen dormir/ y digerir,/ nunca enfadan,/ siempre agradan/ y de-
jan la cara colorada.

Y entre otras manías, temía ser invadida aun por gente de confianza,
razón por la cual guardaba celosamente su número de teléfono. En su casa, el aparato telefónico estaba siempre de cara a la pared, para que los
invitados no pudieran ver el número de la línea. Y hasta llegó a escribir
en uno de sus teléfonos un número falso, que correspondía al depósito
de cadáveres de Los Ángeles.

Un triángulo de muchos lados

—Los hombres nunca son tan buenos amantes como cuando están engañando a su esposa —dice Marilyn, y la frase se hará famosa en el mundo, pero ahora no, todavía no, porque se la está diciendo a la doctora Helen W., en ese lugar cálido y solemne a la vez, que invita a la confidencia pero que al mismo tiempo destila una especie de fría reverencia: el gabinete del psicoanalista.

—¿Por qué lo dice, Marilyn?

—Vea, Helen —hace dos semanas que se dirige a la terapeuta por su nombre y no como doctora W.—, supongo que algo tengo que ver yo, pero supongo que es porque ellos tienen la oportunidad de ponerlo todo allí, en ese momento. Un hombre libre puede hacer lo que quiera cuando quiera.

—¿Y cómo se siente con respecto a eso?

—¿Con respecto a qué?

—A los hombres casados con los que hace el amor.

Hubo un silencio cargado de pensamientos que van y vienen.

La doctora W. es una mujer atractiva y enigmática. Tiene rasgos regulares y bellos ojos gris verdosos. La convierten en mujer adusta los anteojos de marco de carey y una hebilla del mismo material que le sostiene el pelo, que ya luce algunas canas.

—Siempre he tratado de unir el placer... eehhh... el cariño y el placer con una especie de autodefensa, defensa propia... —dice Marilyn, y piensa que si estuviera en su casa se sacaría los zapatos y se serviría una copa—.

La doctora W. hace un silencio que invita a seguir.

—Creo que estoy enamorada de un hombre, pero a la vez me siento atraída por otro, y este otro representaría... bueno... oportunidades de trabajo. Y no puedo dejar de... de.— Marilyn se pone a llorar con un llanto leve, como de niña, pero la angustia parece muy grande.

—Sigue sintiendo culpa por la muerte de Johnny. Ya lo hablamos y si es necesario lo haremos alguna vez más...

—Amigo Hyde —el médico de Johnny anda en los sesenta años, tiene unos kilos de más y está fumando un Pall Mall sin filtro, el tercero de esa consulta—. No me haga caso a mí, que cometo todos estos errores juntos. Hágale caso a lo que yo estudié. Cuídese. Incluso el sexo —el médico se ríe para sí mismo, pero está serio—, y el sexo con una jovencita tan espectacular, puede llegar a ser muy dañino para ese corazón.

—Prefiero morirme antes de perderla —dice Johnny Hyde, y se inclina sobre el escritorio del médico—, prefiero morir antes de perderme una noche con Marilyn.

—Ya tiene cincuenta y cinco años, amigo, y un corazón con ciertas... debilidades. Es todo lo que puedo decirle.

Al día siguiente de la muerte de Johnny, Marilyn ingirió una dosis excesiva de barbitúricos, y lo más preciso que se dijo con respecto al hecho fue "intento de suicidio".

El fin de semana en el que Hyde tendría su último infarto, Marilyn había rechazado pasarlo con él.

El aire de la habitación tiene aún la fragancia de un líquido lustrador de muebles con el que sin duda han repasado el escritorio secreter y la pequeña biblioteca atestada de carpetas y libros de psicología y psiquiatría.

—Son iguales y totalmente distintos a la vez —dice Marilyn y gesticula; hoy se siente más animada—. Los dos son talentosos, sensibles, con gran capacidad artística. Pero a Elia le gusta tener el control de todo. Y Arthur es... tímido, lejano.

—Somos libres de elegir, absolutamente —la doctora Helen W. levanta en el aire una lapicera que parece de jade, con la pluma de oro.

Marilyn piensa que la doctora no debe de ser una mujer apasionada cuando de hacer el amor se trata. Pero se ha equivocado tantas veces... La oye —la escucha— cuando continúa:

—De lo que no somos libres es de tener que elegir, en algún momento. ¿Me entiende, Marilyn?

—Feldman, Charlie Feldman, es un productor muy importante. No pude evitar sentirme desprotegida después de la muerte de Johnny. Okey, culpa superada. Pero me había acostumbrado a alguien que me quisiera y que me abriera puertas. No digo que Charlie lo haga, pero sí que en la casa de Charles, más de una vez, estuvimos Elia, Arthur, yo, y mucha gente más, claro —Marilyn hablaba con rapidez, con ansiedad, como si temiera que se le terminara el tiempo y la dejara sin poder contar lo que sentía.

—Convivían...

—No exactamente. Pero pernoctábamos —¿está bien dicho pernoctábamos?— allí varias veces. Y un buen día...

—...

—Supuse que lo iba a pasar con Elia, que iba a proponerme para un casting, pero Elia se fue y le tocó el turno a Arthur... Sí, sentí eso: se están pasando la chica. Ahora es tu turno.

—¿Lo dijeron?

—No, claro. Pero lo sentí. Por esa época Arthur y Elia tenían un proyecto juntos, yo estaba allí, y me apodaban "la mascota". Ahora me doy cuenta de que no me gustaba nada ese apodo.

—Señora Miller, buenas tardes. Bienvenida de nuevo a su país —el lugar es un salón reservado del aeropuerto y los periodistas ahora son apenas tres o cuatro. Le han preguntado sobre su estadía en Londres. Le preguntan sobre su esposo.

—Fue como si hubiera entrado a un bosque. ¿Usted sabe? Como una bebida fresca cuando tiene uno fiebre, así es Arthur.

Alguno de los periodistas se pone más ácido que los otros. La bella diva de ojos azul grisáceos responde.

—El cine es mi profesión, pero Arthur es mi vida —y agregó un poco después—: Usted sabe lo inteligente que es Arthur... ¿cree que se hubiera casado conmigo si yo sólo fuera una rubia idiota?

—¿Puede verbalizarlo?

—Sí, habíamos hecho el amor salvajemente, bueno, no sé otra manera de hacerlo aunque a veces, claro... Pero estábamos los dos desnudos, húmedos, un poco faltos de aliento...

—...

—Y entonces le hablé de Arthur.

—¿Y qué respondió Elia?

—Al principio se quedó callado, como si estuviera sopesando qué tenía que decir. Me dio un poco de miedo. Pero yo había decidido blanquear las cosas, decir la verdad. Después contestó: "Sí, a mí también me habló de sus problemas con su esposa". Hizo una pausa gigantesca y mi miedo se concentró y aumentó un poco más. Finalmente dijo, y no fue una pregunta: "Estás enamorada de él, claro".

—¡Alcahuete, sinvergüenza!

—¡Basura, entregador, traidor!

—¡¡Hijo de...!!

—¡¡Cómo nos entregaste, Kazan, hijo de...!!

El prestigioso director de cine y teatro Elia Kazan había estado afiliado al Partido Comunista por poco tiempo, entre los años 1934 y 1936; por tanto, en la época en que la Comisión macarthista señalaba a Miller y a otros con su dedo cazabrujas, Elia se sentía a salvo. Era un triunfador y su pasado comunista era cosa de muchachos.

Sin embargo, sus compañeros de Hollywood lo señalarían años después, cuando la calma renaciera, como uno de los colaboradores de la Comisión que buscaba comunistas hasta debajo de las almohadas de propios y extraños.

—Pensé que no te gustaba la geometría —me dijo Arthur aquel día, y temblé.

—No... no entiendo por qué me lo dices.

—Porque parece que tu fuerte son los triángulos. ¿Éste es isósceles, es escaleno...?

—No me dio rabia, sino vergüenza, y miedo. Pensé que lo perdería, que iba a perder a Arthur Miller.

—¿Y el otro lado del triángulo, Elia? —finalizaba la sesión y la doctora sacó una boquilla, que también parecía de carey, y un cigarrillo de una tabaquera plateada.

—De él se decía que era un hombre de familia, y de hecho no tenía pensado abandonar a su esposa y a sus hijos. Me parece bien, por supuesto, pero el hecho es que... Arthur no era un aprovechado ni un hipócrita. Y el hecho es que... —Marilyn no encontró las palabras.

—Que era parte de un triángulo... —la doctora pulsó un encendedor y una breve llama anaranjada dio fuego al cigarrillo—.

—Sí, y prefirió seguir con su esposa, seguir siendo fiel.

—¿Y usted?

—Bueno, puedo equivocarme. Pero también prefiero seguir siendo fiel, fiel a mí misma.

Vivir para el cine

—A mí nunca me ha gustado el béisbol —declaró Marilyn después de la separación. No parecía muy conmovida por dejar de convivir con Joe Di Maggio.

Atrás quedaba la luna de miel en Japón y siete meses de celos, de reproches, de intentos de alejarla de todos sus amigos hollywoodenses.

La presencia de la actriz en Corea, invitada por el Pentágono para levantar el ánimo de los soldados norteamericanos que participaron en aquella guerra, había sido insoportable para Di Maggio. Pero ella había dicho: "Fue la mejor cosa que me ha sucedido. Nunca me había sentido antes como una verdadera estrella. Era tan maravilloso mirar a mi alrededor y ver a todos esos muchachos sonriéndome".

Y "sobre llovido, mojado", como suele decirse vulgarmente, porque muy poco después de la visita a Corea se estrenó La comezón del séptimo año, la de la célebre escena que ha quedado como un símbolo aun décadas después.

Al ver a su esposa en esa estampa del glamour y la belleza, en la que el viento levanta su vestido blanco dejando lucir sus espléndidas piernas, las relaciones se agrietaron aún más:

"Di Maggio no me hablaba —comentaría Marilyn después—. Era frío. Yo le era indiferente como ser humano y como artista. No quería que yo tuviera amigos ni que hiciera mi trabajo, miraba la televisión en lugar de dirigirme la palabra".

Pero Norma Jean, conocida en todo el mundo como Marilyn Monroe, estaba lista para seguir de pie su carrera.

Un rápido racconto le confirmaba que los dos últimos años habían sido altamente fructíferos para ella.

Se había lanzado la revista *Playboy* con su foto desnuda, y su consiguiente repercusión.

Había filmado tres películas que la pondrían en el primer plano de las producciones del cruel Hollywood: Niágara, *Los caballeros las prefieren rubias* y *Cómo pescar a un millonario*.

La primera era un thriller de mucho suspenso en el que ella personificaba a una mujer adúltera. Se recuerda esa película, con humor, como la que presenta la más larga caminata jamás filmada.

Efectivamente, en un momento Marilyn se despide y se aleja caminando y la cámara, como hipnotizada por esas piernas y ese contoneo tan sensual, permanece varios segundos en la contemplación de la partida de la hermosa rubia.

Un abucheo y unos silbidos se merece la revista *Photoplay*, que la designó "La Mejor Esperanza Joven", cuando Marilyn era ya toda una realidad. Prueba de ello es que los estudios le encomendaron inmediatamente otro papel del mismo estilo: *Cómo pescar a un millonario*, película en la que compartió el estrellato femenino con Betty Grable, hasta entonces la rubia más sexy de la pantalla.

También podía incluir en su creciente currículum que había actuado en *Clash by night* (Rayo nocturno, también conocida como Tempestad de pasiones), del mítico director Fritz Lang, con dos figuras rutilantes de la época: Barbara Stanwyck y Robert Ryan. Y en *O'Henry's Full House* actuó junto a Charles Laughton.

—¡No puedo creerlo! ¡Laughton alabó mi trabajo! —saltaba de alegría Marilyn—. Y si lo dice Laughton, que es un gran actor...

En *Don't bother to knock* (conocida como Almas desesperadas) Marilyn actúa con Richard Widmark. Allí hace el papel de una niñera psicótica, lo que la exigió actoralmente más que nunca.

Parecía alejarse de esos frívolos papeles de secretaria decorativa, "sin cerebro", y que sólo servía para ser toqueteada.

Después de *Los caballeros las prefieren rubias*, donde actuaba con Jane Russell, película por la que recibió la suma de 18 mil dólares, Marilyn cumplió un sueño que en su momento le había parecido una fantasía casi imposible de alcanzar: estampar sus manos y pies en la vereda del Teatro Chino de Hollywood Boulevard.

Lo hizo junto a Jane Russell, que protagonizaba el papel principal de aquel film y que llegó a ser su amiga. Marilyn comentó al respecto de las huellas de ambas en el cemento:

—Yo debería haber colocado mis senos allí y Jane su trasero, que son nuestros mejores atributos.

Pero lo cierto, más allá de las bromas, es que ese hecho la emocionó en grado sumo.

"Oh, tía Grace, te acuerdas, te acuerdas cuando visitábamos esta vereda y mirábamos las figuras allí grabadas. Te acuerdas de que yo ponía mi pie sobre los otros ya estampados allí y me decía: 'Oh, mis pies son muy grandes'. ¿Recuerdas, Grace? Ahora puedes verlos, podemos verlos, todos pueden hacerlo. Aquí está Norma Jean, ésta es mi firma."

Naturalmente, por efecto de la presencia cada vez más intensa de Marilyn, la bomba rubia de entonces, Betty Grable, abdicaba su reinado en la deslumbrante princesa que se acercaba al trono.

Pero eso no era todo.

La poderosa Asociación Americana de Distribuidores de Cine la elige "La estrella del año".

Es un momento magnífico de la vida de Marilyn. Es una etapa en la que refulge y en que todas las puertas parecen abrirse.

Pero ella quiere crecer, como mujer y como actriz.

Tal vez sea un lugar común aquel que nos presenta la actitud de la actriz bella y sensual que no se conforma con su papel provocador y decorativo y pretende "hacer Chejov" o "interpretar Brecht", pero en

Marilyn existía un auténtico deseo de expresarse y mejorar como intérprete para alejarse de la imagen de hermosa rubia algo tonta que le adjudicaban.

Ella misma escuchó y hasta repitió algunas de las bromas ingeniosas y crueles que se hacían sobre las chicas de su estilo.

Por los años 50 y 60 circuló un término que ya ha caído en desuso y que designaba a una mujer cuando era bella, imponente, escultural: despampanante.

Y las bromas sobre ese tipo de símbolos sexuales solían decir:

—¿Por qué una rubia despampanante no puede llamar en una emergencia al 911?

—Porque no puede recordar el número. O también: —Porque no pueden encontrar el 11 en los números del teléfono.

—¿Por qué las rubias despampanantes no comen bananas?

—Porque no pueden encontrar el cierre relámpago.

—¿Por qué una rubia despampanante no puede amamantar?

—Porque siempre se quema los pezones al pretender calentar la leche.

Pero yo no soy así, y voy a demostrarlo, se dice Marilyn.

El fotógrafo Milton Greene tiene algo que ver en esta historia. Se habían conocido hacia comienzos de la década del 50 y es probable que se hayan conocido muy bien, cuando ella más o menos oficialmente era pareja de Johnny Hyde.

Una vez, cuando la fama ya la había tocado con su vara, ella dijo de sí misma refiriéndose a sus virtudes actorales: "Para decirlo en plata, parezco una superestructura sin cimientos".

Tres actos convergieron para cimentar el cambio: uno, la decisión de convertirse en una verdadera actriz; dos, la suspensión con que la sancionó la Fox por no presentarse a un film. Y, finalmente, la creación —junto a Milton Greene, quien la estimuló todo el tiempo— de Marilyn Monroe Producciones.

Greene, incluso, llegó a hipotecar su propiedad para financiar la nueva empresa a falta de apoyos económicos que, aunque inicialmente prometidos, no llegaron jamás.

El siguiente objetivo de Marilyn actriz fue NuevaYork: allí se inscribiría en los cursos de Lee Strasberg, fundador del mítico Actor's Studio, y una especie de gran maestro y sumo sacerdote de los actores más prestigiosos.

Un periodista que hurgó en la historia de las tablas y el celuloide de aquellos años expresaría:

—Aunque parezca difícil de creer a primera vista, Strasberg realmente tenía fe en el talento de Marilyn y comenzó a trabajar con seriedad en el desarrollo actoral de la estrella.

Paula, esposa de Lee, se convertiría en guía de MM y la seguiría incluso a los sets de filmación como una especie de acompañante artística y espiritual.

—No lo tomes a mal, Paula, pero a veces creo que...

—¿Qué cosa?

—Oh, te vas a ofender...

—No sé qué vas a decir pero no creo que sea ofensivo. Adelante, Normarilyn —solía llamarla así en momentos en que deseaba darle ánimos.

—A veces ni yo misma creo en mí, por lo que a veces creo que... ustedes son tan buenos actores que están actuando conmigo...

—¿Cómo?

—Sí, que no creen realmente en mi talento, pero que les da cierta aprensión decírmelo; entonces...

—¿Crees que estamos fingiendo? ¿Que simulamos creer que tienes talento para... no lastimarte? Oh, Normarilyn, deja de desvalorizarte. Esta tarde mismo haremos nuevos ejercicios para eso.

En su arranque MM Producciones produjo *Bus stop* (Nunca fui una santa) y *El príncipe y la corista*, con nada menos que Laurence Olivier como pareja protagónica de Marilyn.

En esta película ella pudo aplicar las técnicas y conocimientos del Actor's Studio, y eso tuvo su lado bueno y su lado malo. El aspecto negativo es que ciertas escenas de la película la hicieron internalizar

—como suele decirse en la jerga del ambiente— y recordar vivamente pasajes de su infancia y adolescencia que realmente la lastimaron.

Pero el lado positivo también resaltó por esos días:

Según los críticos, *Bus stop* es probablemente su mejor trabajo actoral.

Una crónica del suplemento Espectáculos del *Times* expresó: "Miss Monroe es un talentosa comediante, y su sentido del timing nunca la abandona. Ella brinda un retrato sensitivo y por momentos brillante".

Billy Wilder diría de Marilyn algo similar: "Marilyn era un absoluto genio como actriz cómica, con un sentido extraordinario para los diálogos cómicos. Tenía ese don. Nunca después he vuelto a encontrar una actriz así".

Pero, acaso, la niña desolada que habitaba en su interior no podía ver triunfar a la mujer adulta.

Cuando filma *No hay negocio como el del espectáculo*, cae enferma.

—Bronquitis, una recia bronquitis —el doctor Morris saca una estilográfica del bolsillo interior de su traje y comienza a escribir con su letra despareja en un recetario—, pero querría que, además, se hiciera estos análisis.

La habitación de la estrella es amplia, perfumada, bien iluminada. La alfombra color arena amortigua los pasos y las voces, bajas de por sí ante el reposo de una enferma. Las cortinas de voile ya no ondulan: alguien ha cerrado los ventanales ante la palabra bronquitis.

—Necesito curarme rápido, doctor. Tengo que estar en el set cuanto antes.

—Cada dolencia lleva su tiempo. Y estoy seguro de que en el estudio la quieren sana. Las recaídas ocurren por no saber esperar el ciclo de la curación.

Unos días después el resultado de los análisis indica: anemia.

Incluso un organismo joven como el de Marilyn comienza a sentir los efectos de las píldoras para dormir.

Regresa a los estudios de filmación, pero suele estar soñolienta, distraída, y súbitos ataques de llanto sorprenden a propios y extraños.

Alguien podría decir que el triunfo y la felicidad —que habían comenzado a hacerse visibles en su vida— no le sentaban bien a Marilyn Monroe.

La bella y el intelectual

Aquel momento de la historia de Marilyn, que acaso comenzó con "eres la mujer más triste que he conocido", terminaría en boda.

Quién sabe qué resortes secretos movió cada uno de ellos en el otro.

Corría 1955 cuando Marilyn Monroe se traslada desde Los Ángeles hasta Nueva York.

Allí vuelve a ver al dramaturgo Arthur Miller, al que había conocido en Hollywood cuatro años antes, en la época en que ella había tenido un romance con el cineasta Elia Kazan.

Marilyn se había sentido desde el primer momento fascinada por este intelectual sólido, muy alto, once años mayor que ella.

El dramaturgo había recibido el premio Pulitzer en 1948, estaba casado con una periodista y era padre de dos hijos.

Arthur también había quedado cautivado desde el primer momento por la belleza sensual de la actriz. El dramaturgo explica en sus memorias que en el momento de conocerla prefirió huir antes que "ir directamente a mi perdición".

Y años más tarde diría de ella:

"Era maravilloso estar cerca de Marilyn... Marilyn era tan prometedora... Me parecía que ella realmente iba a convertirse en un fenómeno muy especial. Era fascinante, en todo momento, plena de observaciones originales... No había absolutamente nada convencional en ella".

Curiosos y fans de Brooklyn los ven pasear en bicicleta por las calles del barrio neoyorquino, o cenar en un restaurante, o concurrir juntos a un espectáculo artístico.

El lugar común que tan bien conocemos de "sólo somos buenos amigos" también sale de boca de Marilyn y Arthur, cuando los periodistas los acosan buscando la confirmación de una fuerte y bien fundada sospecha.

Lo cierto es que el prestigioso intelectual y dramaturgo está muy enamorado de la estrella de cine y ésta le corresponde el amor plenamente.

Miller obtendría el divorcio de su esposa en Reno, Nevada, y después volvería a Nueva York. El mismo destino se había fijado Marilyn después de terminar la película *Bus stop*.

Pero no hay historias perfectas, y un serio inconveniente esperaba a la pareja. Esta vez, de orden político.

La Comisión de Actividades Antinorteamericanas, que había propulsado el tristemente célebre senador Joseph McCarthy, y que propiciaba una verdadera "caza de brujas", esta vez tenía en su mira, al igual que a otros artistas e intelectuales, a Arthur Miller.

—Investigaremos a Miller y a su entorno. La popular actriz Marilyn Monroe también parece integrar ese círculo de simpatizantes comunistas.

Los temores, acusaciones y encendidas defensas se suceden como en un torbellino.

—Voy a respaldar en un cien por ciento a mi esposo. Estoy orgullosa de él.

—Entonces, despídase de Hollywood.

—¿Sabe, señora Miller? Entonces, está acabada. Nadie nunca volverá a oír de usted.

Con respecto a esta última amenaza Marilyn dirá en un reportaje: "Bueno, sería un alivio estar acabada. Cuando uno corre una carrera y entra en la recta final, se alegra y dice: 'Ya está'. Pero aquí, no. En el cine, o en Hollywood al menos, nunca se llega a la meta. Hay que empezar de nuevo, una y otra vez".

El Congreso, incluso, había cancelado preventivamente el pasaporte de Miller. Después de un par de comparecencias en las cuales el dramaturgo fue declarado en rebeldía por negarse a dar nombres de su círculo íntimo, las autoridades no hallaron motivos para inculparlo, decidieron dar por terminado el episodio y le renovaron el pasaporte.

Miller pediría a su bella prometida que se convirtiera a la religión judía para concretar el casamiento en ese culto. La boda ya tenía fecha: el 29 de junio de 1956, en una ceremonia privada en casa de los padres de Miller.

El siguiente paso era dar comienzo a *El príncipe y la corista*, con Laurence Olivier de protagonista y director, película que se rodaría en Inglaterra.

Hacia allí fueron los recién casados.

No tardarían en regresar, con más tristezas que alegrías.

Comienza el adiós

Marilyn regresa a Hollywood recién en 1958 para filmar *Some like it hot* (Una Eva y dos Adanes), con Jack Lemmon y Tony Curtis.

Su salud sigue deteriorándose. Hay más de un motivo: su dependencia de las drogas, un matrimonio que a poco de andar se convierte en desdichado y un deseado hijo que no llega.

Siempre ha sido impuntual, pero ahora este problema se agrava, e incluso llega a olvidar totalmente sus letras.

"Cualquiera puede recordar líneas de texto, pero es necesario una verdadera artista para venir al estudio de filmación, no saber sus líneas y aun así tener el desempeño que ella tuvo". Así la disculpó un gran hombre de cine, Billy Wilder, bajo cuyas órdenes trabajó Marilyn en *Una Eva y dos Adanes*.

Y otra de Wilder, esta vez con relación al incumplimiento de horarios de filmación de la estrella: "Sobre la impuntualidad de Marilyn debo decir que tengo una vieja tía en Viena que estaría en el estudio de filmación cada mañana a las seis y sería capaz de recitar los diálogos incluso al revés. ¿Pero quién querría verla? Además, mientras esperamos a Marilyn Monroe no perdemos totalmente el tiempo... Yo, sin ir más lejos, tuve la oportunidad de leer *Guerra y paz* y *Los miserables*.

Marilyn, que ya hacía años sabía jugar a ese juego, replicaba sobre su famosa impuntualidad: "Siempre llego tarde a las citas. A veces hasta dos horas después. He tratado de cambiar esa costumbre pero los motivos que me hacen llegar tarde son muy fuertes, y muy placenteros".

Más allá de todo, atrás había quedado como una breve etapa "sin pena ni gloria" el paso por Londres con Arthur Miller. A poco de iniciado el rodaje de *El príncipe y la corista*, una hija de Miller cayó enferma y éste voló de inmediato a Nueva York para visitarla. ¡Quién sabe qué temió Marilyn! Pero lo cierto es que se derrumbó anímicamente y no se presentó a la filmación hasta que Miller regresó —con la misma premura con que se había ido—.

Marilyn se repuso mágicamente.

Olivier también era, como dijimos, el director de la película. El hecho de que estuvieran formados en distintas escuelas actorales era uno de los inconvenientes para entenderse en el set de filmación. Paula Strasberg, además, estaba allí, como una sombra.

Se hicieron necesarias más de treinta tomas, en dos días, para dar el okey a las tres primeras palabras de texto que debía pronunciar la hermosa rubia de Los Ángeles.

—¡Oh, pobre príncipe!

—¡Corten! A ver... Tu personaje debe enfatizar la palabra "pobre", mientras prueba un bocado de caviar y lo saborea comprobando su gusto —señalaba Olivier conteniendo su creciente enojo.

—Oh, Marilyn, cariño, sólo piensa en Coca-Cola y Frank Sinatra —le había aconsejado en un susurro Paula Strasberg.

Sir Laurence Olivier (hacía poco había sido ungido por la Corona con ese título nobiliario) estaba poniéndose cada vez más nervioso. Intentó lo que él consideró una "variante norteamericana":

—Oye, Marilyn, quiero que actúes "sexy".

—¡Pero si yo soy sexy! —replicó ella.

Mientras Miller teme que las exigencias y desbordes emocionales de su esposa atasquen su propio mundo como escritor, Marilyn pone sus esperanzas en la llegada de un niño. "Un bebé une al matrimonio", afirma.

Pero ningún embarazo llega a feliz término.

Piensa —siente— que en Nueva York va a llevar una vida más sosegada, y que quizás lo que le conviene es desempeñarse, más que como una estrella, como la esposa perfecta de un escritor.

Sin embargo, está angustiada, y ese viejo tropel de sentimientos de inseguridad y abandono vuelve "a pasarle por encima". Bebe, engorda, se encierra en sí misma.

Miller también se encierra: en su despacho escribe y lee. Pero, a pesar de eso, en los cuatro años de matrimonio con Marilyn sólo publica cinco textos muy cortos.

—Arthur, creo que tengo una buena noticia para ti.

—Adelante.

—Hay una firme posibilidad de que haga una película sobre la vida de Jean Harlow. ¿No es fantástico? Sabes que Jean siempre fue...

—Marilyn, cariño, creo que no.

—...

—Siento que no estás en condiciones de involucrarte en una película así. Quizás más adelante. Si me pides mi opinión, es que por ahora no.

Por esos días, un exceso de alcohol y barbitúricos lleva a internar a Marilyn de urgencia. Se recupera pero no está en un momento positivo de su vida: un aborto natural troncha una vez más sus esperanzas de ser mamá.

Las sombras vuelven a cernirse sobre la figura desprotegida de aquella niña de Los Ángeles.

Se mudan a Connecticut, donde compran una casa que Marilyn decora con entusiasmo y con una renovada esperanza en que todo va a salir bien, pero la atmósfera de fracaso los sigue ahogando, aunque hayan intentado escapar de ella.

La voz de pedregullo rodando por un camino desparejo se eleva en el tocadiscos, baja dos puntos y se mantiene mientras la trompeta acompaña en un fluido dorado. "Kiss me once, and kiss me twice and kiss me once again..."

Es Louis Armstrong, alias Satchmo.

Marilyn camina con paso fatigado hacia el estudio donde Miller trabaja.

—¿Aún me amas, Arthur?

—Por supuesto, mi vida. ¿Por qué me lo preguntas?

—Porque siento que... que algo te está pasando.

El hombre hace una pausa y abandona por un momento el tecleo de su máquina de escribir. Se levanta y se acerca a la mujer. La abraza, con fuerza.

La voz de limadura de bronce de Satchmo suena a lo lejos, como una ríspida y dulce oración en la tarde.

—No, no me está pasando nada. Y si así fuera, bueno, nos estaría pasando...

—No quiero discutir, Arthur, te amo, pero creo que a mí no me pasa. Siento como que estás... decepcionado.

—Marilyn, mi vida. Es natural que después de una etapa de enamoramiento, de deslumbramiento, venga una etapa más tranquila, de un amor menos apasionado... Es simplemente eso...

—Siento que me criticas... secretamente. Dímelo, dime qué piensas.

—Bien. Te voy a decir dos cosas. La primera es que creo que los demás —actores, productores, directores— perciben que no eres del todo responsable. Tienes talento, escucha, déjame terminar. Tienes sensibilidad, talento, ganas de crecer. Y eso es lo más importante. Aquello en lo que fallas es en el cumplimiento de tu trabajo: tu aplicación, saber las letras, llegar... bueno, más o menos puntualmente —sonríe Miller.

Ella se ríe pero tiene los ojos bañados en lágrimas. Recuerda lo que dijo Tony Curtis —y todo el mundo se enteró— cuando fue su compañero en *Una Eva y dos Adanes*, película en la que Marilyn tuvo muchos inconvenientes y se sintió ausente del set. "Oye, Tony, ¿qué tal Marilyn?". "Es como besar a Hitler", replicó el popular actor.

—Está bien, Arthur, okey —trata de reponerse, y su sonrisa luminosa vuelve a su rostro—. ¿Y lo segundo que tienes que decirme?

Miller la toma de los hombros. Le dice, también sonriente:

—Estoy terminando la obra de la que te hablé. En un par de semanas a lo sumo estará totalmente lista.

—Arthur, no puedo creerlo. No sabes lo orgullosa y contenta que me siento. ¡Voy a ser la protagonista de una obra del gran Arthur Miller!

—No. Dilo de otra forma: la gran Norma Jean, la gran Marilyn va a ser la protagonista de *The mistfits*.

Se besan con esa ternura con que lo hicieron la primera vez, pero acaso ya están lejos uno del otro. Es como si hubieran llegado a un cruce de caminos y de a poco, fueran eligiendo senderos que no volverán a unirse.

Una mezcla de soledad y confusión

Se echa el cabello hacia atrás y los legendarios ojos azul celeste se entornan un poco.

—¿Quiere tomar un té? —invita.

El reportero duda y después niega con la cabeza.

—Gracias.

—...Pero descubrí que cierta gente goza haciendo que jugar, que actuar, se convierta en algo muy difícil —dice Marilyn.

—¿Por ejemplo? —el grabador de cinta abierta gira con lentitud en el aire de esa tarde temprana.

—Todo el mundo te maltrata. Parece que quisieran arrancarte un pedazo. Parece que les diera placer arrancarte pedazos. Un ejecutivo puede resfriarse y quedarse en su casa durante diez años. Si un actor se resfría es un agravio de dimensiones nacionales. La industria debería comportarse como una madre cuyo hijo acaba de escaparse por poco de un accidente en la calle. Pero en lugar de abrazar al hijo, lo castiga. Se supone que esto no es una escuela militar, ¿o sí? Un actor es una persona sensible. Isaac Stern cuida obsesivamente su violín. ¿Qué sentiría si todo el mundo le saltara encima? Lo único que pretendo es mantenerme intacta y sobre dos pies.

El reportero se llama Richard Meryman y es editor de la revista Life. Es —como los actores— un hombre sensible, y se acerca con respeto y comprensión a esa mujer a la que, en esos últimos años, su maquillador Alan Snyder tenía que maquillar en la cama, ya que costaba mucho tiempo hacer que se levantara para ir a filmar, debido a los excesos en la ingestión de sedantes.

"Era mucho más inteligente que lo que podía desprenderse de su imagen pública", comentaría Meryman.

—¿Conserva algún recuerdo especialmente grato de su infancia?

—Sí, claro que sí. A los once años el mundo se abrió ante mí —las lágrimas que habían asomado hacía un rato a esos ojos inolvidables habían desaparecido ahora—. Hasta entonces me había sentido afuera del mundo y entonces, pop, se abrió. Tenía que caminar mucho para ir al colegio: cuatro kilómetros de ida y otros tantos de vuelta, pero a los once años esa caminata se volvió puro placer. Los hombres tocaban las bocinas de sus autos, agitaban sus manos, y yo saludaba también. Fue la primera vez en mi vida que me prestaron atención. La primera vez en mi vida que tuve amigos. El mundo se convirtió en un sitio amigable. Rezaba para que las cosas se mantuvieran así, siempre. Cuando me echaban de la casa —yo solía reírme de manera ruidosa, histérica, decían— pedía la bicicleta a uno de mis hermanastros y me perdía en las calles, riendo en el viento. Amaba el viento. Me acariciaba.

Meryman echó un vistazo a la cinta que corría, indiferente.

—De todos modos era un arma de doble filo. Alguna gente se ponía demasiado amistosa, y esperaba demasiado por muy poco. En fin. No sé. Creo que olvidé la pregunta. ¿Le molesta si hago un llamado telefónico?

Después se pusieron de acuerdo en hacer las fotos necesarias para el reportaje, allí mismo, en la casa de Brentwood. Ella así lo prefería.

—Es que últimamente no salgo mucho —comentó—. Hasta pronto.

El hombre de espaldas anchas y marcado acento francés está cumpliendo un sueño masculino universal: ahora sube desde los tobillos y sigue su camino hacia los muslos rotundos y bien formados de la bella rubia.

El sonido es el de sus respiraciones, sus gemidos, sus jadeos.

No hay música en el amplio departamento, y a esas horas sólo algún taxi solitario ronronea en la ciudad casi desierta.

El ruido del ascensor, cada tanto, y cada vez más espaciado, es el único fondo musical de esa vorágine en la que el hombre busca el centro exacto de la mujer y ahoga sus gemidos besándola en la boca, y los dos comienzan a ser uno mientras la rubia que usa para dormir sólo unas gotas de Chanel Nº 5 cruza sus manos tras la nuca del hombre que está en el lugar que desearían estar tantos hombres del planeta con un ritmo que se interrumpe cuando ella besa las tetillas y el abdomen, y el ascensor —hacía quince o veinte minutos que no se oía— ahora sube y pasa por ese piso y sigue su destino anónimo en la noche, mientras el hombre expresa en voz apenas audible su placer y ella sonríe, esto te gusta mucho, ¿no?

El hombre es tan alto como su esposo —ella siente que no lo está engañando, que lo de ellos ya está muerto y sólo falta ponerle una lápida legal.

El hombre tiene una voz grave y un pronunciado acento francés cuando le susurra palabras tiernas u obscenas en inglés, lo que le agrega un encanto especial, siente ella.

Lo ha conocido en la película que protagonizan juntos, y que no tendrá mayor repercusión.

—Mon amour —no puede evitar susurrar él mientras los cuerpos se funden y las manos de ella (no me gustan mis manos, son gordas, ha dicho alguna vez) acarician la larga nuca, el cuello del hombre, que ahora cabalga sobre la hermosa diva.

El estudio cinematográfico descubre el romance y lo aprovecha para fogonear la película.

Marilyn se enamorará seriamente de Yves Montand, pero es probable que para él —que en esos momentos está casado con la actriz Simone Signoret—haya sido una aventura más.

El director Billy Wilder lo comentó así: "El problema de Marilyn es que se enamoraba con mucha rapidez. No era la clase de mujer que se supone que debe ser un símbolo sexual, y eso la mató.

Marilyn era una mezcla de pena, amor, soledad y confusión".

Poco después, Marilyn y Arthur confirman su divorcio.

Atrás quedaba otra experiencia matrimonial trunca en la que Marilyn había puesto muchas ilusiones. Su sueño de ser mamá parecía cada vez más lejano.

El fotógrafo hacía su trabajo mientras Marilyn seguía hablándoles a Meryman y al grabador.

—La felicidad no es algo que pueda dar por sentado. No estoy acostumbrada a ser feliz —dijo Marilyn prácticamente sentando su filosofía, consciente o inconsciente, de vida—. Me crié de manera muy distinta de la mayoría de los niños americanos, que esperan ser felices, puntuales y exitosos en su trabajo. Cuando digo a mis hijastros que yo lavaba cien platos y cien tazas y cien juegos de cubiertos diarios, los siete días de la semana —esto era en el orfanato— me miran con incredulidad. ¡Pero es cierto!

El divorcio con Miller ya se había consumado. Unos años después el dramaturgo se casaría con una fotógrafa austríaca. En sus memorias deja un lugar de excepción a su célebre esposa, "muy perturbada", según él, y una de

las mujeres más míticas del siglo.

Ella, al separarse definitivamente de él, declaró: "Arthur Miller es un hombre maravilloso y un gran escritor, pero nuestro matrimonio no funcionó".

La escena vuelve a Brentwood, a la sesión de fotos, a una Marilyn nostálgica y reflexiva frente al grabador y la cámara fotográfica.

—¿Y el futuro? —es la pregunta "del millón" que en ese momento hace el reportero, que refiere que hubo un silencio tan grave que hasta el fotógrafo dejó de disparar.

—No creo que la gente se vuelva en mi contra. Algunos podrán sentirse impresionados por lo que dice la prensa o las historias que difunden los estudios, pero cuando vayan al cine juzgarán de acuerdo con lo que vean en la pantalla. Los seres humanos somos criaturas extrañas. Reivindicamos el derecho a pensar por nosotros mismos.

Los periodistas se dispusieron a irse, después de agradecerle que los recibiera un par de veces. Ese día estaba sola en casa.

—Le dije a Eunice que se tomara el día, cuando me di cuenta de que dependía mucho de ella; yo, que prácticamente no he dependido de nadie. Nadie me ha mantenido. Siempre me las arreglé por mi cuenta.

Cuando los periodistas se despidieron, ella le pidió a Meryman con su voz más frágil:

—Por favor, no me haga quedar como un mal chiste.

Prisionera en Brentwood

Innumerables películas y series de televisión mostraron como en un desfile —la cámara está en un vehículo y circula a velocidad media por la calle— esos barrios lujosos y seguros de sí mismos, con mansiones que parecen decir: "Sí, por supuesto, ésta es la casa de una estrella, de una estrella de Hollywwod".

Pero no parece ser el caso de Marilyn, que ha comprado su mansión en Brentwood, un barrio de Los Ángeles. Allí piensa descansar y dejar madurar nuevos proyectos. Pero el destino ha planeado otra cosa para ella.

Es un gran bungalow estilo mexicano rodeado de un parque amplio de pasto bien cortado. Está ubicado cerca de las casas de Peter Lawford y del doctor Ralph Greenson, uno de los psicoanalistas preferidos de las estrellas de Hollywood. Esta cercanía no es un detalle menor.

La gente que ha visitado la casa dice que de afuera luce mucho mejor que en su interior, que se siente vacío, con pocos muebles, con grandes bultos sin desempacar, como si el desorden interno de la propietaria se reflejara en el de la vivienda.

Marilyn ya ha pasado los treinta años y, cuando está bien, sigue tan hermosa como siempre, pero aquellas sombras de la angustia y la depresión que asolaron y finalmente derrumbaron a su madre la visitan cada vez con mayor frecuencia.

El doctor Ralph Greenson ha decidido encarar un tratamiento muy intenso.

Combina la prescripción de barbitúricos y anfetaminas con lo que él denomina una "terapia adoptiva".

—El caso de Marilyn es serio. Las terapias convencionales no funcionarán —afirma Greenson—. Ella está tan enferma que sólo un tratamiento de tiempo completo puede tener resultado.

Esto significa incluirla en la familia del psicoanalista, comer con ella, y hasta recomendarle una ama de llaves enfermera que estará en la casa de MM todo el tiempo: la eficaz, la "todo terreno" Eunice Murray, mujer de confianza de Greenson, que lo mantiene informado al instante sobre todo lo que sucede en Brentwood.

Pero las depresiones de Marilyn comienzan a empeorar a pesar de la terapia. En más de una oportunidad toma accidentalmente una sobredosis de antidepresivos o píldoras para dormir y tiene que ser asistida con urgencia.

Las experiencias psicoterapéuticas de la estrella ya habían comenzado años antes. En febrero de 1955, Marilyn concurría de cuatro a cinco veces a la semana a realizar sesiones de análisis con la doctora Margaret Hohenberg.

—Estoy intentando convertirme en una artista, y ser auténtica. Pero a veces siento que estoy en el borde mismo de... la locura. Lo único que pretendo es llegar a la parte más verdadera de mí misma, pero me resulta muy duro —Marilyn se tocaba nerviosamente el cabello y había hecho su voz más aguda—. Hay veces en que pienso: todo lo que hago, todo lo que soy es verdad. Pero tengo algo así como un sentimiento secreto que me dice: "Oh, eres una mala imitación, un fraude".

Cuando hizo esa confesión a su psicoanalista Marilyn tenía casi una docena de películas realizadas, y su nombre era aclamado en todo el mundo.

Poco después, en Nueva Cork, se atendería con la psicoterapeuta Marianne Kris.

Marilyn recordaría de la primera parte de esta terapia:

—Es como si estuviera siempre avanzando en círculos. Siempre era: ¿cómo se siente respecto a tal cosa, y por qué piensa que su madre actuó así en tal caso? Jamás se hablaba de adónde iba yo, sino de dónde había estado.

La segunda parte fue muy dura y señaló el rompimiento de la relación con la profesional.

—Oigan, déjenme salir. Se trata de un error —pidió la hermosa mujer rubia tras la puerta acolchada.

—Por favor, permanezca en silencio.

—Es que quiero salir... firmé ese papel engañada.

—Tranquilícese, por favor, no queremos aplicarle un sedante.

—¡No voy a tranquilizarme! ¡¡Déjenme salir!! — la voz se convierte en un chillido.

Se hace un silencio largo y un rato después los gritos vuelven a subir desde dentro de esa celda.

—¡¡Por Dios, déjenme saliiiiir!! ¡¡Llamen a la doctora Krisssss!! — los golpes en la puerta se hacen más fuertes y los gritos se convierten en alaridos y después en sollozos desesperados— ¡¡Por amor de Dios, ábranmeeeeeeee!!

Como parte del tratamiento, y mediante una estratagema, la doctora Kris hizo anotarse a Marilyn en un instituto psiquiátrico para su descanso.

Fue alojada prácticamente en una celda y permaneció dos días allí. Cuando al fin le abrieron tenía las manos ensangrentadas de golpear e intentar forzar la cerradura.

Uno de los más importantes biógrafos de MM, Donald Spoto, opinó sobre sus terapias: "La excesiva introspección exacerbó su falta de autoestima. Su intuición se perdió en aras de una conciencia racional de sí, lo que logró paralizarla y la alejó aún más de ella misma".

Pero volvamos a Brentwood y al profesional que tendría tanta participación en los últimos capítulos de la vida de Marilyn.

Para el otoño del 61 el hombre que supo escribir: "Seré el único y principal terapista que ella tenga" comenzó a cancelar sesión tras sesión con otros pacientes para dedicarse exclusivamente a la estrella.

—Es de cuidado, de mucho cuidado. Marilyn es esquizofrénica. Nos llamamos mañana— era la versión que Greenson hacía circular en su entorno; cabe consignar que, por esa época, esa enfermedad mental era un tema "preferido" de discusión entre la intelectualidad dedicada a la psiquiatría y el psicoanálisis.

Greenson creía firmemente que el tratamiento ideal combinaba un abanico de drogas más el compromiso emocional del terapeuta con su paciente.

—Residencia Monroe, buenas tardes... — atiende el teléfono Eunice.

—...

—Señora —Eunice tapa el teléfono con una mano; casi siempre la llama señora— Es Joe, Joe Di Maggio. Quiere hablar con usted. Le digo que no está, ¿verdad?

—...

—No, la señora Monroe ha salido y vuelve tarde... Sí, le dejaré su mensaje.

Eunice Murray era —según las fuentes mejor informadas—, más que una asistente de Marilyn, una espía al servicio del por entonces todopoderoso Greenson.

Era una mujer baja, activa, de movimientos rápidos, cercana a los sesenta años.

Tenía conocimientos de enfermería, experiencia en el tema, y era la encargada de administrar los verdaderos cócteles de drogas que recetaba con generosidad el prestigioso psicoanalista.

Amigos, amigas, amantes, compañeros fueron alejados del círculo de Marilyn lenta e inexorablemente por la férrea conducción del doctor Greenson y el invalorable aporte de su mano derecha.

"El plan de Greenson fue desastroso —opinó Donald Spoto—. En lugar de tratar de que su paciente se comportara en forma independiente, hizo todo lo contrario, y la llevó a una dependencia casi absoluta de él; tenía un poder total sobre Marilyn para hacer lo que él quisiera."

Spoto —cuya biografía de MM alcanza las 700 páginas— llegó a conclusiones —no pudo probarlas— que estremecen:

Greenson habría golpeado a Marilyn más de una vez. Moretones en la cara y la posibilidad de una nariz rota, por lo que la actriz habría ido a ver a un médico, avalarían esta hipótesis.

Marilyn había comprendido, como a alguien que le retiran la venda de los ojos después de un largo período, que Greenson la estaba dejando sola.

Entonces, decidió alejarse de él y de su influencia perniciosa.

Sólo que ya era demasiado tarde.

"Happy birthday, Mister President!"

El doctor Greenson estaba seriamente preocupado acerca de los affairs de su exclusiva paciente, en particular del que mantenía con los Kennedy.

Greenson sostenía que esas relaciones eran dañinas y progresivamente peligrosas para Marilyn.

Existe una fuerte creencia de que Bob habría estado enamorado de la diva del cine pero que ella no habría correspondido a ese sentimiento, ya que su corazón había sido conquistado por John.

A menudo el lugar de encuentro de MM con el presidente era el hogar de los Lawford. Como se sabe, Lawford estaba casado con una Kennedy.

Pero además los viajes del primer mandatario también constituían una buena ocasión para los furtivos encuentros amorosos.

Incluso algunas fuentes bien informadas mencionan que Marilyn habría alimentado esperanzas de que John se separara de Jacqueline para casarse con ella y convertirla así en la Primera Dama.

Otras versiones —y abundan las contradicciones en la información sobre estos últimos tumultuosos años en la vida de Marilyn— señalan que sólo una vez hizo el amor con John Fitzgerald, ocasión en la que el presidente le alabó sus pantorrillas, y que nunca habría tenido ni la más mínima intimidad con Robert "Bob" Kennedy.

Lo que sí es absolutamente cierto es la presencia de la bellísima diosa del cine en el cumpleaños número cuarenta y cinco del presidente de los Estados Unidos.

Amigas de Marilyn afirman que estaba tan nerviosa que tuvo que tomar varias copas de champaña antes de subirse al estrado, y que cuando lo hizo estaba algo ebria.

Peter Lawford fue el maestro de ceremonias, y el lugar fue el monumental Madison Square Garden.

En un momento Lawford anunció la visita de una gran personalidad que venía a saludar al presidente. Lo hizo con humor, aludiendo a la famosa impuntualidad de la estrella. La anunció, en vano, un par de veces, hasta que, al fin, ella hizo su deslumbrante aparición.

Entonces Lawford, dejándole el micrófono, la presentó como:

—¡La tardía Marilyn Monroe!

Un insinuante, exageradamente sensual Happy birthday, Mister President! salió de esos labios emblemáticos. Una gigantesca torta de planta baja y varios pisos apareció en escena transportada por al menos cuatro o cinco hombres.

Al fin, el presidente de los Estados Unidos hizo su aparición entre aplausos y vítores. Y, una vez frente al micrófono, expresó refiriéndose a las felicidades cantadas de Marilyn:

—Bien. Ahora puedo retirarme de la política, después de un saludo tan dulce y encantador.

La presencia de Marilyn en esa fiesta se convirtió en la comidilla no sólo de Washington y Hollywood, sino del país entero.

Y, acaso, fue un signo de alerta para el poder: parecía que la diva Marilyn Monroe estaba avanzando peligrosamente sobre ciertas "áreas restringidas".

Las contradicciones de una diva

En Marilyn vivía una mujer compleja: era alegre y melancólica, bella y profunda, aunque le gustaba jugar con su aparente frivolidad.

Era seria —muy seria a veces— y tenía un fino sentido del humor, reconocido por personas que no suelen ser pródigas en sus elogios.

Alguna vez MM dijo que un hombre sexy era Albert Einstein.

—Imagínense si tuviéramos hijos —aventuró—: con mi apariencia y su inteligencia, tendríamos el bebé perfecto.

Repitiendo acaso sin saber una anécdota del escritor irlandés George Bernard Shaw, alguien señaló:

—Sí, pero, ¿y si el bebé sale con la pinta de Einstein y el cerebro de la Monroe?

Mil curiosidades se agolpan alrededor de ella y la hacen vivir hoy, a décadas de su muerte, como si aquello no hubiera sucedido.

Además de Capote, otros notables escritores, como Norman Mailer, Gore Vidal y Joyce Carol Oates conservan viva la memoria de Marilyn a través de sus páginas. Mailer definió a Marilyn como "una criatura extraña, impetuosa y descentrada que representaba al elemento sexual de una forma mística heterodoxa". Y agregó: "Era nuestro ángel, el dulce ángel del sexo, y la dulzura del sexo brotaba de ella como una resonancia de sonidos de la fibra más sonora de un violín".

Joyce Carol Oates, varias veces candidata al premio Nobel de Literatura, escribió una novela sobre MM, titulada Blonde (Rubia), de unas 700 páginas.

El poeta nicaragüense, y también sacerdote, Ernesto Cardenal concibió un largo poema dedicado a Marilyn, llamado "Oración", que en un momento conmovedor dice: "Ella pedía amor, y nosotros le dimos tranquilizantes".

Es cierto. Quizás fue esa figura mítica llamada Greta Garbo la primera en darse cuenta de que Hollywood era una picadora de carne. O una devorapersonas.

Así como llevaba a la cima a una actriz o un actor, un buen día lo derribaba y enterraba sin piedad, y rápidamente —sin funerales ni despedidas— lo reemplazaba.

Cuánta gente enamorada de la diva platinada de ojos azules, que sigue dando materia para hablar —y emocionarse o reírse, según sea el tono de su declaración—. En una oportunidad dijo (y es probable que una pícara sonrisa le adornara el gesto): "La gente tenía la costumbre de verme como si yo fuera una especie de espejo en lugar de una persona. No me veían a mí, sino sus propios pensamientos lascivos. Entonces se enmascaraban ellos mismos diciéndome lujuriosa".

Y también comentó, confortada por ese sentimiento de respeto: "La gente te respeta porque sienten quehas sobrevivido a los malos tiempos y te has hecho más fuerte, y, aunque te hayas hecho famosa, no te has vuelto tonta".

Y seguramente no hay que hacerle el más mínimo caso a otra diosa emblemática del sexo y el cine, famosa por su desenfado y lengua filosa, Mae West, quien no vaciló en definir así a Marilyn: "Era muy atractiva y constituía el tipo que agrada a las masas, las cuales creyeron que con ella tenían a otra Mae West. Pero no sabía hablar". Mae West exageraba. A Marilyn no sólo era delicioso verla, también era un placer oírla: "Aquella mañana los hombres que caminaban por la calle 57 me decían: 'Eh, Marilyn ¿cómo te sientes esta mañana?'. Yo me sentía halagada y les respondía su saludo. Los obreros de la construcción, cuando paso, siempre me silban. Seguro que lo hacen porque piensan: 'Oh, es una chica de pelo rubio y no está nada mal'; hasta que se dan cuenta y entonces de pronto dicen: 'Cielos, es Marilyn Monroe', y eso es todo. Ésas son las veces en las que es agradable que la gente sepa quién eres y más aún que sientas que significas algo para ellos".

Demasiado viento para esa vela

"The candle in the wind", como la llamó en su canción Elton John mucho antes de que en un rasgo de oportunismo "marquetinero" readjudicara el tema a Lady Di, está sufriendo las ráfagas más fuertes de su vida.

No hace mucho que fue votada como la mujer más sexy del siglo, en *People Magazine*, y considerada como la "estrella sexy número uno del siglo XX" por la legendaria *Playboy*.

Pero sus demonios interiores pueden más que votaciones y opiniones unánimes. Son más fuertes y despiadados que toda una opinión pública que la idolatra.

Filma *The mistfits* (Los inadaptados), con guión de Arthur Miller, interpretada por Clark Gable, Montgomery Clift y Eli Wallach. El director, nada menos que John Huston.

Los inadaptados fue la última gran película de Marilyn, en la que se reveló como una actriz madura, sensible, capaz de transmitir al público una profunda emoción.

Apenas terminada la película, muere su coprotagonista, Clark Gable, de un infarto.

La viuda de Gable acusaría a Marilyn, pero ella se acusaría a sí misma.

"Pobre Clark. Fue culpa mía. Lo he hecho esperar tanto y tantas veces en esa película."

Poco después, Algo tiene que ceder, una película en la que comparte cartel con Dean Martin, fracasa al punto de ser cancelada y archivado su proyecto en un oscuro cajón de los estudios, por las continuas ausencias de Marilyn.

Las veces que se presenta se hace necesario escribir, por todo el set de filmación, cartelones con la letra, que la actriz olvida una y otra vez como en un juego perverso de autodestrucción de su prestigio como figura de Hollywood.

Hablando del tema, es hora de convocar una vez más a nuestro viejo amigo Billy Wilder, que mezclaba elogios con críticas, todo tamizado por su sentido del humor y la ironía: "Me han preguntado si volveré a trabajar con MM y tengo una respuesta clara. Lo he discutido con mi médico, mi psiquiatra y mi contable, y todos me han dicho que soy demasiado viejo y demasiado rico para someterme de nuevo a una prueba semejante".

También se le ha escuchado decir: "Marilyn no necesita lecciones de interpretación; lo que necesita es ir al colegio Omega, en Suiza, donde dan cursos de puntualidad superior".

Pero es hora, en medio de ese derrumbe acompañado por una ola de críticas, de recordar algunos dimes y diretes sobre la personalidad de MM, para anotarlos en el casillero de los buenos recuerdos queridos.

A pesar de haber tenido una infancia pobre, no era una mujer avara. Al contrario, era generosa y no olvidaba a aquellos que la habían ayudado.

Tenía una biblioteca con más de 200 libros (¡y los leía en sus momentos libres!) y se había anotado en la universidad para seguir cursos de literatura.

Amaba como cantantes a Louis Armstrong y a Ella Fitzgerald. Y Picasso y Goya estaban entre sus pintores favoritos. Parece ser, por lo que dicen las personas más allegadas, que no era una pose, sino una actitud auténtica.

Quién sabe cómo se habría desarrollado si el destino le hubiera concedido más años de vida.

Pero, como todos sabemos, no fue así.

No basta una muerte para Marilyn

La historia que tuvo pasos de comedia y rasgos decididamente trági-
cos adquiere sobre el final ribetes de novela negra.

Una mujer bella y cautivante, un suicidio que parece no ser tal, alcohol, drogas, personajes muy poderosos del espectáculo y de la política.

Así como la frase que dice que la mitad de la biblioteca afirma lo que
la otra mitad niega, puede decirse que los libros y artículos que exami-
nan el tema muestran diversas hipótesis, algunas contradictorias.

Sin embargo, se conocen ahora versiones censuradas por entonces y
descalificadas ahora, documentos del FBI conseguidos por escritores, y
testimonios de personas que aún viven y en aquellos años enmudecieron
por estrictas razones de seguridad personal. Estos comentarios arrojan
un poco de luz sobre una historia turbia y triste.

Los personajes: el por entonces procurador general Robert Kennedy,
hermano del presidente de Estados Unidos. El sargento Jack Clemmons,
primer policía que llegó a la escena del crimen. Eunice Murray, a la que
ya hemos conocido, ama de llaves de MM y mano derecha, ojos y orejas
del doctor Ralph Greenson.

Siguen los personajes: el mismísimo Ralph Greenson. Y Peter Lawford, actor y cuñado de los Kennedy.

"¡Asesinos, sí, ustedes, asesinos! ¡Ya están conformes, ¿no?! ¡Ya la mataron!"

Los gritos que los vecinos escuchan en el viento anochecido de Brentwood pertenecerían a Pat Newcomb, la mejor amiga de MM por aquella época y una conocida de los Kennedy.

¿A quiénes les gritaba?

El sargento Jack Clemmons encontró el cuerpo de Marilyn boca abajo, cubierto por una sábana. Eunice Murray le dijo que se había descubierto el cadáver a medianoche. Cuando Clemmons preguntó por qué habían tardado tanto en llamar a la policía, no pudo creer lo que le daban por respuesta.

El doctor Greenson, que también estaba allí, le respondió:

—Los estudios cinematográficos tiene que dar antes el permiso para que este hecho sea notificado a las agencias.

—Si la señora Monroe hubiera ingerido 40 cápsulas de Nembutal —afirmó uno de los médicos forenses que realizó la autopsia— se habrían hallado huellas en el tracto digestivo, sobre todo con un estómago vacío, y eso no ocurrió.

Los comprimidos de Nembutal tienen una gelatina de fuerte color amarillo, y ese color se advierte muy claramente en el estómago e intestinos de quienes los han tomado, máxime si se han ingerido más de 40 píldoras. En el caso de Marilyn no había ni un mínimo rastro de ese color.

Todo indica que en su último día de vida Marilyn efectivamente había consumido pastillas, pero de fenobarbital e hidrato de cloral.

A media tarde de aquel día se la vio en la playa caminando con cierta dificultad, y hablaba de forma ininteligible. Pero posteriormente la autopsia —cuyos resultados no fueron dados a luz durante muchos años— reveló un nivel 10 veces superior a la dosis normal de la primera droga y 20 veces superior a la segunda:

—Entonces...

—Entonces... esa cantidad brutal de drogas fue muy probablemente suministrada mediante un enema.

—Esa mujer no se suicidó. Eso fue un asesinato. Se tapó todo porque estaba involucrado el procurador general —diría años después el sargen to retirado Clemmons, que aquella noche nefasta, a poco de estar en la escena del crimen, fue reemplazado por un oficial superior de la policía.

Peter Lawford, interrogado por su ex mujer sobre el final de Marilyn, habría dicho: "Marilyn tuvo su último gran enema".

Los informes médicos señalan que su colon mostraba gran congestión e irritación, y esto sería imposible si ella hubiera tomado por boca tantas píldoras o se hubiera inyectado.

—Robert, Lawford, Eunice y el doctor Greenson estaban allí. Arreglaron la escena del crimen, tardaron mucho tiempo en llamar a una ambulancia.

El conductor del vehículo que la trasladaría al hospital confirmó que había hallado a Marilyn en estado comatoso en la cama de los huéspedes.

—En el momento en que llegué, el doctor Greenson intentaba inyectarle adrenalina directamente al corazón para reanimarla.

Rápidamente las huellas comenzarían a esfumarse o a perderse en la noche de dudas, confusiones, negativas.

Después se diría que Bob Kennedy no había estado en Los Ángeles esa noche fatal.

A pesar de que Robert Slatzer —el marido que no fue— afirma que un policía de Los Ángeles detuvo esa noche un Lincoln Continental que viajaba con exceso de velocidad y de contramano. Al volante del ilustre automóvil estaba Peter Lawford, a su lado, el doctor Greenson y, en el asiento posterior, el procurador general de la Nación, Robert Kennedy.

Pero, si en verdad la mataron, la pregunta esencial es por qué.

La respuesta es otro lugar común de tantas películas policiales: Marilyn "sabía demasiado".

La simple mención de sus amoríos con John y con Bob cubriría de escándalo al clan Kennedy y salpicaría su imagen y su poder —comentó un viejo cronista, ducho en amanecer en las salas de redacción de los diarios—, pero además se dice que MM sabía otras cosas de la política, que tenía anotadas en su diario, un cuaderno rojo que nunca más apareció, y que había amenazado con hacer públicas, llamando a una conferencia de prensa.

El esposo que finalmente no pudo probar su unión legal con Marilyn porque el acta oficial había ardido melancólicamente en una oficina de Tijuana, diría en un documental años después: "Le aconsejé a Marilyn: 'Deshazte de ese cuaderno ya mismo, y no amenaces ni sugieras que vas a revelar su contenido a la opinión pública. Deja que los Kennedy desaparezcan sin drama de tu vida'. Ay, si me hubiera hecho caso hoy estaría viva", suspiraba Slatzer.

El diario, según después se supo, fue a parar a la caja fuerte del juzgado, donde un oficial lo guardó celosamente, aunque al día siguiente había desaparecido.

Pero no sólo el diario se esfumó como por arte de magia. Cuando el doctor Thomas Noguchi, médico forense que había realizado la autopsia, requirió de nuevo los análisis, la respuesta que obtuvo fue tajante:

—No sabemos qué pasó, doctor. Estamos muy preocupados: las muestras que usted recogió, y que obraban en poder del juez Curphey, han desaparecido.

En su libro Los últimos días de Marilyn, Donald H. Wolfe escribió: "¿Intentaban matar a Marilyn Monroe? ¿O sólo someterla... es decir, suministrarle una dosis mayor a la que estaba acostumbrada, para poder abrir por la fuerza su archivador, tomar notas, cartas y documentos legales y buscar el diario rojo?".

Algunos indicios señalarían homicidio premeditado: en su cuerpo se halló una cantidad de barbitúricos suficiente para matar a una docena de personas.

Otras hipótesis señalan que no fue un enema el vehículo de tanta droga, sino una inyección.

Y, si de un crimen se trató, también hay sospechas que involucran al sindicalista Jimmy Hoffa, por entonces acérrimo enemigo de Bob Kennedy, y también a Sam Giancana, un líder mafioso de gran peligrosidad.

J. Edgar Hoover, el todopoderoso jefe del FBI, también está mencionado en esa oscura trama de novela policial. Y otro de los nombres que sonó en esa telaraña de relaciones que se interconectaban unas con otras fue el de Frank Sinatra, de quien Marilyn alguna vez había dicho: "Es el tipo más fascinante con que he salido. Me hace reír, me da seguridad. Cuando estoy con él no necesito tomar pastillas. Él me ha enseñado a amar la vida".

Pero Donald Spoto cree que se trató de un desdichado accidente, y que la "todo terreno" Eunice Murray se habría excedido en el suministro de drogas vía enema.

Es que Marilyn Monroe no era una suicida. El doctor Langone, un prestigioso psiquiatra, comentaría:

—Existen dos tipos de suicidas. Los que lo intentan y los que realmente lo cometen. El noventa por ciento de los que intentan son mujeres cuyos padres estuvieron física o psicológicamente ausentes.

Si Marilyn era una suicida, pertenecía al grupo de los que lo intentan.

El doctor Langone se extendió un poco más sobre el tema:

—Marilyn entraba a la perfección en esa melancólica categoría: creció sin padre ni figura paterna, y las veces que lo intentó lo hizo con la seguridad de que alguien lo advirtiera y pudiera salvarla. En sus últimas semanas de vida no se vieron en ella signos de tendencias suicidas. Es más: estaba haciendo planes para el futuro.

Efectivamente, Marilyn se había comunicado con Henry Rosenfeld para encontrarse con él en breve en Nueva York.

A su amiga Lena Pepitone le había confesado planes para realizar una fiestaen septiembre.

Había hablado con Gene Kelly sobre el proyecto de una comedia musical.

Y con su amigo paternal, Sidney Skolsky, había tenido largas charlas para retomar un proyecto que, en su momento, Arthur Miller impidió con su consejo: una película sobre la vida de Jean Harlow.

También una comedia musical en un teatro de Broadway estaba en los planes de la llena de vida Marilyn. Por lo que la hipótesis del suicidio parece carecer de sustento.

El sábado 4 de agosto de 1962 —moriría en la madrugada del 5— Marilyn Monroe había comenzado a escribir una nota a Joe Di Maggio. Pero algo la interrumpió y la nota se halló en una agenda, doblada. A la mañana siguiente, cuando la casa fue registrada, se halló esa nota final que decía: "Querido Joe: Si al menos logro hacerte feliz, habré conseguido lo más grande y difícil que existe... o sea, hacer completamente feliz a una persona. Tu felicidad es la mía y" (aquí se interrumpe su escrito).

Es que Marilyn y el ex astro del béisbol iban a intentarlo otra vez: el 8 de agosto era la fecha fijada para que no se dieran por vencidos y reincidieran en el matrimonio.

El sueño final

¿Y si hubiese sido suicidio? ¿Y si a pesar de las reglas psicológicas, el desequilibrio de Marilyn y una falta de control debido a las drogas la hubiera llevado casi inconscientemente a ese final por propia mano?

Ring, riiiiiiing...

El teléfono suena en la ciudad de tantos millones de almas y de ninguna, suena en Brentwood y en Santa Mónica y en Hollywood y en Los Ángeles todo y hasta en Nueva York, en la otra lejana costa, y quizás sean las dos y media de la madrugada de ese día caluroso y turbio de agosto.

Pero suena en el vacío, se propaga en la ciudad, en las ciudades, en el mundo que no responde, dormido o muerto o, mucho peor, indiferente.

No hay esperanzas para Marilyn.

En el aire de esa noche final de agosto cruzan sonidos más terribles: el ocupado constante. O la voz irritada y cortante: "No, el señor no está. Y además es una hora impropia para llamar". Click.

Esa noche, la del sueño final, las voces y los recuerdos y los blues de una vida se confunden con las brumas del alcohol y los sedantes.

"Oh, presidente, gracias por atenderme y por venir a salvarme. Director, está ahí, gracias a Dios que pudo llegar. Oh, el mejor guionista de Hollywood respondiendo a mi llamado. Mil gracias. Te espero.

"Oh, Sid, querido Sid, sabía que tú...

"Fred, Mary, gracias por venir. Disculpen si la casa está un poco desordenada, es que estoy desempacando, no se rían, siempre estoy desempacando...

"Mamá, mami, ya estás bien, en serio, vienes a vivir conmigo aquí en Brentwood, para siempre...

"Tía Grace, qué suerte que viniste, me sentía tan mal..."

Quizás fue así, quizás todo eso sintió Marilyn en el viento cálido de agosto, en el aire veraniego de Brentwood, en las brumas de un sábado a la noche.

—¡Marilyn, Marilyn, despierta, Marilyn...! ¡Doctor!

Una pausa. Unos segundos en un silencio que parece pesar en la habitación como si fuera de acero.

—Lo siento. Está muerta. Habrá que hacer una autopsia para comprobarlo, por supuesto, pero es probable que se trate de un suicidio por sobredosis de barbitúricos.

El amor después de la muerte

Tal vez ese día una llovizna de verano cayó sobre el cementerio. Tal vez el veterano beisbolista Joe Di Maggio se puso un impermeable liviano.

Las versiones se cruzan, y algunas afirman lo que otras niegan, y las conjeturas son lo que más abunda. Pero hay coincidencias en señalar que Di Maggio fue el único que la quiso, que la amó, antes y después de la muerte.

—Señor Di Maggio, entiendo que usted está a cargo de los funerales de la señora Monroe.

—Así es.

—¿Quiere firmar aquí?

Su profesor de arte dramático y fundador del Actor's Studio, Lee Strasberg, dijo aquel día en el Westwood Memorial Park Cemetery, frente a la tumba de Marilyn: "Tenía una luminosidad especial, una mezcla de melancolía, resplandor y anhelo, que la apartaba de los demás, y que sin embargo hacia que todos deseáramos ser parte de ella. No puedo decir adiós... a Marilyn nunca le gustaba decir adiós, pero adoptando su particular manera de cambiar las cosas, para así poder enfrentarse a la realidad, diré ¡hasta pronto! Porque todos visitaremos algún día el país hacia donde ella ha partido".

"¡Cuán terrible y maravillosamente fue hecha por el Creador!", dijo el sacerdote al despedirla.

La cámara se aleja, como en las películas; la lluvia se ha detenido y un fino vapor se levanta de esa ciudad de muertos.

Desde ese día de agosto de 1962 hasta la muerte de Di Maggio, pasados los ochenta años, todos los días, por orden del ex astro del béisbol, una mano —muchas veces era la suya— colocó una flor sobre la tumba de esa mujer que en vida todo el mundo conoció como Marilyn Monroe.